山东省高校科研计划项目"山东省大学生创新创业生态系统优化研究"（项目编号：J18RA061）

CHUANGYE JIQING
DUI DAXUESHENG CHUANGYE JUECE DE
ZUOYONG JIZHI YANJIU

创业激情

对大学生创业决策的作用机制研究

方 卓◎著

中国财经出版传媒集团

经济科学出版社
Economic Science Press

图书在版编目（CIP）数据

创业激情对大学生创业决策的作用机制研究/方卓著.
—北京：经济科学出版社，2020.5
ISBN 978 - 7 - 5218 - 1600 - 6

Ⅰ.①创… Ⅱ.①方… Ⅲ.①大学生 - 创业 - 研究
Ⅳ.①G647.38

中国版本图书馆 CIP 数据核字（2020）第 089615 号

责任编辑：程辛宁
责任校对：张　萌
责任印制：邱　天

创业激情对大学生创业决策的作用机制研究
方　卓　著
经济科学出版社出版、发行　新华书店经销
社址：北京市海淀区阜成路甲 28 号　邮编：100142
总编部电话：010 - 88191217　发行部电话：010 - 88191522
网址：www. esp. com. cn
电子邮箱：esp@ esp. com. cn
天猫网店：经济科学出版社旗舰店
网址：http：//jjkxcbs. tmall. com
北京时捷印刷有限公司印装
710×1000　16 开　11.75 印张　200000 字
2020 年 5 月第 1 版　2020 年 5 月第 1 次印刷
ISBN 978 - 7 - 5218 - 1600 - 6　定价：68.00 元
（图书出现印装问题，本社负责调换。电话：010 - 88191510）
（版权所有　侵权必究　打击盗版　举报热线：010 - 88191661
QQ：2242791300　营销中心电话：010 - 88191537
电子邮箱：dbts@ esp. com. cn）

前　言

创新是一个民族的灵魂，是一个国家或地区经济发展的不竭动力，而创业是实现创新的有效手段。青年一代，尤其是大学生，是最具创新活力的群体，商业经济和知识经济的发展，刺激和促使大学生群体积极投身创业浪潮，进而带动全民创业。由此，激发大学生群体的创新精神，培养创业意识，成为促进大学生自主创业领域研究的主题。政府已制定了一系列鼓励大学生自主创业的政策，并取得一定成果。提倡大学生自主创业，对缓解就业压力、促进地方经济发展具有重要的推动作用，而更为关键的是通过创业宣传、创业实践来培养大学生的创业精神和创业热情，并将自主创业作为大学生未来的职业选择。

个体创业激情在潜在创业者创业决策过程中发挥重要作用，可以有效促进个体精力、情绪、时间等要素的投入，同时可以引导创业行为意愿的产生与增强，进而提升个体对创业者身份的认同感，积极投身创业活动。为有效分析个体在创业激情作用下的创业决策问题，本研究从情感视角出发，将极易受外部创业氛围影响的个体创业激情作为切入点，引入了创业承诺和创业意愿作为中介变量，创业认同作为调节变量，剖析个体创业激情对创业决策的内在作用机制。本研究主要从以下几方面展开讨论：第一，个体创业决策的产生和制定是否受到情感因素的影响？哪些情感因素会对创业决策产生显著影响？第二，个体在创业激情推动下的外在行为反应如何？创业激情影响创业决策的内在机制表现如何？第三，创业承诺和创业意愿对创业决策的影响程度如何？在创业激情和创业决策关系之间表现为何种作用机制？第四，创业激情对创业决策的影响过程是否受到其他因素的影响？创业认同是否对两者关系产生作用？为深入分析上述问题，本研究构建了创业激情对创业决策影响机制模型，从整体视角探究各要素之间的作用机理。

本研究以我国九省大学生为调研对象，分析创业激情、创业承诺、创业意愿与创业决策之间的关系，丰富了创业决策的理论和实证研究。第一，本研究通过前期理论回顾与梳理，分析了创业激情、创业承诺、创业意愿与创业决策之间的关系，发现创业激情、创业承诺和创业意愿对创业决策均具有正向影响。第二，在创业激情的经验模型、计划行为理论等基础上，分析了创业激情与创业决策关系的内在作用机制，同时，个体创业认同感作为影响创业感知的重要变量，对创业角色及价值感知程度的不同，会影响变量之间的关系。为此，本研究构建了"创业激情—创业承诺—创业决策"与"创业激情—创业意愿—创业决策"的有调节的中介效应模型，提出研究的假设。第三，本研究通过深度访谈、预调研对问卷的合理性进行了初步分析，在访谈建议和量表因子分析基础上，对问卷进行了修订和完善。利用信度和效度分析、回归分析、Bootstrap 分析等实证研究方法，对本研究提出的 23 个研究假设进行了实证检验。第四，针对实证结果对本研究的结论进行讨论，总结研究的理论和实践意义，并提出本研究局限及未来研究展望。

本研究实证分析得出以下结论：第一，检验了创业激情对创业决策具有显著的正向影响，结果显示创新激情、创建激情和发展激情对创业决策均具有显著的正向影响作用。第二，创业承诺是影响个体决策制定的重要驱动因素，对创业决策有显著的正向影响作用，其中情感承诺、行为承诺和持续承诺维度均对创业决策有显著的正向影响作用。此外，也验证了创业承诺在创业激情与创业决策关系间起部分中介作用。第三，创业意愿对创业决策的正向影响显著，其在创业激情与创业决策关系间起部分中介作用。第四，检验了创业认同的调节作用，结果显示，创业认同对创业激情与创业意愿之间的关系具有显著的正向调节作用，而在创业激情与创业承诺之间的调节作用并不显著。第五，进一步检验了创业认同对"创业意愿—创业决策"的有调节的中介效应模型，并证明了创业认同调节了创业激情通过创业意愿对创业决策影响的作用。

本研究从情感和行为意愿视角进一步拓展了个体创业决策的相关研究，构建了创业决策的研究模型，完善了现有创业激情与创业决策关系的相关研究。首先，进一步丰富了创业决策的研究，推进了创业激情对创业决策的作用机制研究。研究从情感和意愿视角入手，分析创业激情、创业承诺、创业意愿三要素对创业决策的作用路径。不仅丰富了创业决策的前因变量研究，而且为分析创业激情如何影响创业承诺和创业意愿提出了一个重要的条件变量，为创业决策的相关研究提供了新的研究视角。其次，拓宽了创业承诺与创业意愿的研究视角。研究深入分析个体对创业活动的情感投入状况和参与创业行为的倾向程度，反映了个体在情感因素和行为意愿推动下的决策行为。将情感因素和意愿因素进行整合研究，发现创业激情可以部分的通过创业承诺和创业意愿的传递作用提升个体的创业决策，拓宽了创业激情与创业决策之间影响机制的研究范围。最后，构建了认同因素作用下的创业决策研究模型，检验了创业认同对创业意愿在创业激情与创业决策之间中介效应的调节作用机制，验证了创业认同的被调节的中介效应，这一研究拓展了创业决策研究的思路，为从情感、意愿视角的后续研究提供了理论支撑。本研究分析影响个体创业决策的个体内在驱动因素，为探索激发创业行为和实践提供了理论依据和实践支撑。

目　录

绪 论

1.1 研究背景

　　创业已成为 21 世纪经济社会发展的动力源，自主创业是一国或地区经济可持续发展的永驱力。管理大师彼得·德鲁克（Drucker，1985）指出"创业型经济"是经济发展活力的重要特征，是解决就业和经济增长的助推剂。全球创业观察（Global Entrepreneurship Monitor，GEM）指出：青年创业能够提供更多的就业岗位，对缓解就业的作用更为明显，17.1% 的青年创业者能够提供 5 人以上的当前就业机会，高于全员创业的 16.7%；5 年内能提供的就业机会中，有 36.9% 的青年创业者预期能提供超过 5 人的就业岗位，高于全员创业者的 35.3%。大学生群体具有较强的创新创业意识、能力和愿望，对现实世界充满好奇，乐于接受新鲜事物，拥有冒险精神和勇气，是推动青年群体参与创业的中坚力量。由此可见，大学生是推进大众创业、万众创新的主要群体，对实现以创业带动就业有重要的作用，驱动创新发展战略的实施。因此，鼓励大学生积极参与创业实践是创新驱动发展战略的有效途径，是国家创新体系中最具基础性和战略性的部分，需要得到多方面的关注和重视。

2015 年政府工作报告明确提出要全面打造"大众创业、万众创新"发展引擎。中共十八届五中全会提出了将创新创业作为国家发展战略的首要位置的五大发展理念。创新型人才是推动创新发展战略的重要支撑因素，习近平总书记多次指出培养大学生创新热情的重要性，其目的是要建设一支富有创新精神、勇于创造的创新型人才队伍。李克强总理多次强调，激发人的创造力是大众创业、万众创新的核心。中共十八届三中全会提出，要积极推行以激励高校毕业生自主创业为目的的创业体制，实现以创业带动就业。近年来，我国不断完善创业环境，全民自主创业意愿不断提升，特别是"80 后"的创业激情高涨，已经成为我国创业的主力军。但是，我国高学历创业者偏少，创建的企业层次低，多集中于低技术行业，仅有 2% 左右的大学生创业是基于中高技术的创业。《全球创业观察 2015/2016 中国报告》显示，我国的早期创业活动指数为 12.84%，高于大多数创新驱动国家，如美国、英国、德国、日本等发达国家，但拥有本科学历和专科学历创业者比重仅分别为 9.2% 和 21.6%。调查显示，我国高校毕业生自主创业率仅为 2.86%，远低于发达国家 20% ~30% 的比例。这表明鼓励大学生积极参与创业实践是实施国家创新驱动发展战略、促进创业型经济提质增效的迫切需要。

大学生创业行为的最终结果是创建新企业，强调创业的过程性，而创业决策决定了个体创业行为的发生及企业创建各阶段的活动。创业是一个长期、复杂的动态过程，受到多种因素的影响，如社会环境、文化氛围、人口统计因素等。关于大学生创业决策的研究一直受到国内外学者的关注，早期关于大学生创业决策的研究主要集中于文化环境、创业氛围等外部因素的作用机制（Gartner，1985；Casson，1995；Dash，2010；Thornton et al.，2012）。然而，随着创业研究的逐渐深入，关于创业决策的研究开始呈现多样化视角，认为仅从宏观外部环境分析个体创业决策是不全面的，研究逐渐由外部层面向个体层面深入，开始分析个人特质、认知状况、行为倾向和情感因素对创业决策的影响（Gartner，1988；Ajzen，1991；Shaver，1995；Kruger et al.，2000；Delmar，1996，2000；马昆姝和李雁晨，2014）。创业激情作为影响个体行为的重要情感因素日益受到关注（Cardon et al.，2005）。创业激情作为一种情感要素深深根植于创业实践中，在探索和识别机会、企业创建、企业成长等过程中发挥重要作用（Baron，2004）。创业意愿是个体参与创业决策的重要动机要素，是行为决策的重要预测变量之一（Ajzen，1991）。创业承诺体现了情感因素在创业活动中嵌入的程度（Tang，2008），影响个体未来的行为决策方向。创业激情可激励个体以较高的热情参与创业实践活动，时间、精力等因素的投入加深了创业承诺在个体行为中的嵌入度，促使个体决定积极参与创业活动开展。创业激情是一种强烈且积极的情感，激励创业者克服困难，增强创业成功的信心，提升创业意愿积极投入创业活动。创业认同是个体对自我价值的，其内化的过程影响个体创业激情向行为的转化过程。那么，如何将创业激情转化创业的决定？个体行为倾向和情感投入是否在这一过程中发挥作用？创业者的认同如何影响个体创业激情的发展历程？基于以上问题，需要我们从个体情感和行为倾向视角深入探究个体创业决策的形成机制。

本研究通过梳理创业决策研究的相关文献，发现现有学者对创业决策的研究存在以下局限：第一，现有关于创业决策前置因素的研究中，多关注自我效能、风险感知等认知因素及行为意愿的影响，而且情感因素对创业过程影响研究处于理论阶段，还需进一步关注情感因素与行为倾向对创业决策的整合研究。第二，部分研究关注创业决策的结果变量的研究，分析其对创业行为、企业绩效、企业成长的作用，而分析情感因素影响个体创业决策的前因变量的研究相对较少。第三，现有研究忽略了创业决策与其前置因素之间可能存在影响的变量，因此，还需进一步完善中介变量和调节变量的研究。第四，直觉上看，与其他创业群体相比，大学生在知识积累、自身价值追求、主观能动性等方面具有独特优势，更可能在创业激情的作用下将创业认知内化为自我同一性，对创业产生更强的认同。大学生更容易受到非理性因素的影响，然而实际创业中，真正将创业激情转化为自主创业活动的比例还相对较少。因此，影响大学生创业决策的因素需要深入探讨。

综上，为弥补现有研究的不足，本研究以大学生群体为研究对象，分析创业激情对创业决策的作用机制是非常必要的。本研究基于创业管理理论、决策理论和行为心理学理论，对创业决策的前因变量进行深入分析，进一步探讨创业承诺和创业意愿在创业激情与创业决策关系之间的中介效应，以及创业认同在这种关系中的调节效应。

1.2 研究目的

针对鼓励大学生创业这一问题，政府、社会、高校等制定多方面的创业政策，大学生创业热情日益高涨，然而大学生群体中真正参与创业活动比例并不高。因此，基于大学生创业比例较低、创业成功较为困难等现实问题，本研究以大学生的创业激情为出发点，深入探讨创业激情对大学生创业决策的影响。本研究通过梳理相关理论研究，利用实证研究方法，分析大学生创业者角色认同、价值认同在创业过程中的作用，从情绪和意愿视角分析影响大学生制定创业决策的关键因素。具体而言，本研究的主要目的如下：

第一，构建包括创业激情、创业承诺、创业意愿、创业认同和创业决策等变量综合作用的理论模型，并将创业激情的经验模型、创业管理理论、决策理论和行为心理学理论纳入这一模型进行整合研究。先前关于创业决策的研究中，将代表个体行为倾向的意愿因素作为影响个体行为的主导变量，然而创业激情的经验理论认为个体对某些活动的情感表现、情感投入程度同样是影响个体行为决策的因素之一。在我国浓厚的创业氛围作用下，由于个体的情感、情绪容易受到刺激和感染，因此情感因素对创业的影响应同样受到关注。为此，本研究在梳理现有关于创业决策相关研究基础上，全面探讨了影响创业决策的因素，并对与情感因素的相关变量进行总结，利用实证研究方法，检验了创业激情这一重要的情感因素对创业决策的作用。

第二，分析创业承诺、创业意愿在创业激情与创业决策关系间的中介效应。个体的创业决策是经过情感因素刺激和行为倾向的动态演化过程，并最终通过个体行为展现出来。个体实现从创业激情向行为决策的转化，情感因素的投入及行为倾向的转变是关键的预测变量。为此，本研究试图从情感投入程度和行为倾向两条路径，探索将创业激情转化为个体创业决策的动力机制，为激发创业激情的实际行动转化提供理论参考。

第三，探索创业激情对创业决策影响过程的因素，识别创业认同的调节作用及间接效应。个体处于创业热情不断高涨的环境中，由此应运而生的个体创业激情的提升将直接影响创业决策，而个体对创业者角色和价值的认同感对创业决策的产生过程有重要影响作用。社会认同理论强调个体对群体的归属感和主观认同感，个体在面对一定的社会群体时，会参照特定的群体特征和边界来确定自己的归属。由此可知，个体对自身的群体特征和边界的接受程度是影响行为决策的关键因素。因此，本研究基于行为心理学理论，将创业认同作为调节变量引入模型，试图检验创业认同对创业激情与创业承诺、创业激情与创业意愿关系的调节效应。在此基础上，构建创业认同的被调节的中介效应模型，深入研究其对创业决策过程的作用机理。

1.3 研究意义

1.3.1 理论意义

第一，从情感因素、行为倾向和创业决策的关系出发，打开了创业激情对创业决策作用的"黑箱"。瓦勒朗和霍尔夫特（Vallerand & Houlfort，2003）开创性的将工作激情引入创业研究领域，并从和谐激情和强制激情两个方面分析了其对心理适应性的影响，进一步分析了创业激情与企业绩效的关系。然而在接下来的研究中，卡登（Cardon，2008）提出了创业者激情在组织中的传递作用，积极的情感表现能够使创业者在企业中创造一种平衡的情绪环境，并从中获益。这进一步拓展了创业激情的研究，而针对创业激情对个体行为的研究还需要进一步深入，由于激情受到目标的激励，并引导个体认知和行为，为此在该过程中需要付出成本、克服困难（Cardon et al.，2009）。因此，从个体层面深入分析创业激情对行为决策的影响，能有效拓展创业激情的研究范围，探索影响个体创业决策的多样化路径。

第二，本研究拓展创业研究视角。研究不仅丰富了创业决策前因变量研究，而且为分析创业激情影响创业决策这一过程提出了重要的条件变量。创业决策的产生源于对创业活动的认知和评价（Krueger，2007），而情感因素和意愿从个体内在视角反映了个体对创业活动的认知情况，能从更深层次展现创业决策的可能性。研究将情感因素和行为倾向因素进行整合研究，分析其对创业决策的影响。

第三，本研究以大学生为研究对象，填补了创业激情研究中大学生样本的空白。研究以具有发展潜力的大学生群体为调研对象，从创业激情角度构建了大学生创业决策形成的理论框架，并进行实证检验，提供了创业激情影响行为的经验证据，丰富了相关实证研究。

1.3.2 现实意义

第一，对创业激情的研究，促使创业政策制定者重视情感因素对大学生创业决策的影响。随着国家创新型经济发展战略的不断推进，鼓励大学生自主创业成为国家和地区经济发展的有效途径。大学生创业决策的研究成为践行"大众创业、万众创新"的重要手段。开放、自由、鼓励创新的创业氛围，能长期、持久的感染潜在创业者的情绪，传递创业激情，鼓励更多的大学生自主创业。特别是对在校大学生来说，学校努力打造校园创业文化氛围，引导学生积极参加各类创业比赛，如挑战杯、"互联网＋"大赛等，使大学生进一步了解创业实践，激发大学生的创业激情。

第二，为社会各界完善大学生创业环境拓宽思路，注重从情感和行为意愿的视角分析大学生创业行为，鼓励大学生自主创业。首先，可以通过搭建创业实践平台，为富有激情和创业想法的大学生提供实践机会。这需要政府、企业、学校形成联动机制，建立大学生创业园、孵化基地，为大学生提供政策和资金方面的支持，推进大学生创业活动开展。其次，学校可定期举办创业名家讲座，分享创业经历，激发大学生创业激情，促使更多大学生投身于创业事业，推进创新型国家建设。

第三，提升大学生创业决策比例，促使创业激情转化为创业活动，对鼓励大学生创业、创新型经济建设具有重要的现实价值。实现越来越多大学生的自主创业已经成为国家或地区促进就业、带动经济发展的期望，因而要从多层面分析影响大学生创业的因素。从创新型经济发展的视角看，大学生对创业的认同感值得进一步关注，自由的创业环境和文化氛围会影响个体对创业活动的反思性理解。因此，强化社会对创业的全面认识，理性对待创业是培养大学生创新精神的有效途径，这也为实现创业企业持续发展提供支持。

1.4　研究的主要创新

本研究的创新之处主要包括以下几个方面：

第一，拓宽了以大学生创业为主题的研究视角。先前的相关研究主要关注创业环境、个体特质、创业导向、创业态度等因素对大学生创业的影响（Casson，1995；彭正霞等，2012；向辉等，2014），然而随着研究的深入，个体的认知、意愿、情感因素逐渐受到关注。因此，本研究从大学生个体深层次的需求出发，探究创业激情对创业活动的作用机理，这进一步拓展了关于大学生创业的研究视角，为更好分析大学生创业行为，激励大学生自主创业提供依据。

第二，提出了创业承诺和创业意愿的双中介作用机制。以往研究已将创业意愿作为分析个体创业决策的有效预测变量之一（Krueger，2000，2007），而创业承诺作为一种衡量个体情感投入程度的因素，对创业决策的制定及创业行为的发生有重要的引导作用。现有研究多关注创业警觉性、风险感知、先前经验对创业承诺的影响（Tang，2008；Phillips et al.，2011），较少将其作为影响两变量间关系的中介变量进行研究。因此，本研究将创业承诺引入创业决策研究模型，并探究创业承诺和创业意愿两者对创业激情与创业决策间关系的影响，这为创业承诺研究提供了新的研究视角。

第三，梳理和总结国内外关于创业决策的相关研究，厘清影响创业决策的前因变量。构建了"创业激情—创业承诺—创业决策"与"创业激情—创业意愿—创业决策"两条研究主线，从情感和行为倾向两个视角整合研究影响个体创业决策的路径，这弥补了先前研究单一的不足，为今后的整合研究提供借鉴。

第四，引入创业认同这一调节变量。创业激情对创业决策的作用一定程度上会受到其他因素的影响，社会认同理论强调了个体对群体和行为归属的认同特征。个体主观将自己划入某一群体是个体认同感的重要体现，并会将行为、行动方式等与该群体特征保持一致，因此，个体对创业角色的认同感也将直接影响创业激情向创业决策的转化过程。本研究从情感和认同视角进一步拓展了创业决策的研究。

1.5　研究方法与技术路线

本研究主要采用规范分析和实证分析相结合、定量分析和定性分析相结合的方法，提出理论框架及研究假设，并利用 SPSS 19.0、AMOS 17.0 统计软件处理相关数据。本研究采用的研究方法主要包括以下几种：

（1）文献分析法。回顾和梳理本研究中各变量的相关研究，阐述创业决策、创业激情、创业承诺、创业意愿和创业认同等变量的内涵，并着重对其研究现状和研究不足进行总结。此外，在心理学、社会学和管理学等理论基础上，分析和探讨各变量之间关系，进而构建研究框架。

（2）访谈法。本研究采用半结构化访谈，在访谈提纲基础上，与受访者进行面对面的直接交谈，详细记录访谈内容，并在访谈结束后进行细致的分析，全面了解和分析创业激情与创业决策的关系，以支撑本研究所提出的研究框架。

（3）问卷调查法。本研究利用问卷调查收集数据，并将所获得数据运用实证研究方法进行检验，通过信度和效度检验各变量测量的可靠性、有效性。在确保测量的有效性基础上，通过回归分析检验本研究提出的所有假设。本研究利用描述性统计分析、探索性因子分析、回归分析和 Bootstrap 分析等方法检验研究框架。

本研究的技术路线如图 1.1 所示。

1.6　研究框架结构

根据研究的规范性和研究特点，主要包括以下几方面内容：

第 1 章：绪论。介绍与本研究相关的研究现状，阐明选择该研究的背景与可操作性，同时说明研究目的及意义。在分析研究的理论意义及实践价值基础上，介绍研究的创新之处以体现开展本研究的价值所在。此外，介绍了本研究遵循的技术路线、采用的研究方法及研究框架。

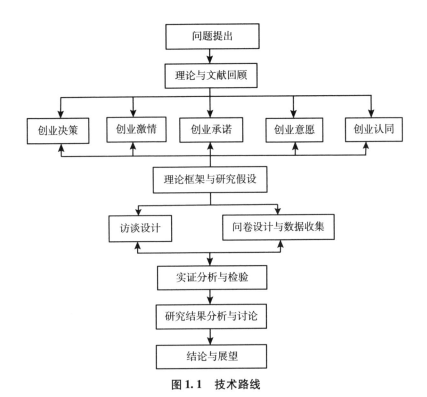

图 1.1　技术路线

　　第 2 章：文献综述。本部分主要围绕创业决策、创业激情、创业承诺、创业意愿、创业认同五个变量，梳理和总结国内外关于这些变量的内涵及测量方法的研究，结合本研究特点对各变量的概念进行界定，并选择适合该研究变量的测量方式。同时，整理各变量相关的研究，梳理本研究中各变量之间的关系，为研究框架的提出提供理论支撑。

　　第 3 章：理论分析与研究假设。在阐述本研究的理论基础基础上，构建以创业激情为自变量，创业承诺和创业意愿为中介变量，创业认同为调节变量，创业行为为因变量的理论框架。通过理论推导各变量之间的关系，提出相应的研究假设。

　　第 4 章：研究方法。为确保问卷的有效性，设计访谈提纲，进行有针对性的面对面访谈。参考国内外关于各变量的研究对变量，结合中国情景，对各变量的测量进行详细说明。详细阐述选择的研究对象、问卷收集方法及所采用的数据分析方法。最后，利用所设计的问卷进行小样本的预调研，初步分析问卷的信度和效度。

第5章：实证分析与结果讨论。整理所收集问卷的数据，对样本和变量进行描述性统计分析，其中样本的信息包括性别、年龄、学历、专业及感兴趣行业等，变量的描述性信息包括均值、标准差、方差、偏度和峰度等。在明确以上信息的基础上，检验各变量的信度、效度、共同方法偏差及多重共线性等。此外，通过因子分析、回归分析和 Boostrap 等方法进行假设检验，对数据结果进行讨论。

第6章：研究结论与启示。本部分在假设检验结果基础上，阐述研究所获得的结论及产生这些结论的价值和启示，最后说明本研究中由于样本、其他可能控制变量及研究适用性等方面存在的局限性，并提出了在模型的整合研究、纵向研究等方面的未来研究方向。

| 第 2 章 |

文 献 综 述

2.1 创新与大学生创业

2.1.1 创新与创业的关系

创新一词最早由熊彼特（Schumpeter，1912）提出，将创新看作是构建一种新的生产函数，在这一过程中要将新的生产要素进行整合，用来建设和发展新的生产体系。德鲁克（Drucker，1985）认为创新是赋予资源以新的创造财富能力的行为，企业家就是创新家，所谓的企业家精神也就是创新精神。同时，创新也是企业成长过程的关键要素，爱迪斯（Adizes，1989，1999）将企业生命周期分为四个阶段十个时段，其中每个阶段的发展都受到创新因素的影响，企业在贵族期、官僚化早期、官僚期和死亡期等四个阶段会随着创新要素的减少而逐渐走向消亡。创业理论研究可以追溯到熊彼特提出的关于创新的概念，认为创新的本质是一种破坏性的创造，而创业是在该过程中对产品、组织、渠道等要素的重新组合，以实现价值创造和满足市场需求。创新包含在创业的每个阶段，创业是实现创新的过程（Schumpeter，1934）。创业活动是将创新想法商业化的有效途径，迪蒙斯（Timmons，1999）在创新基础上提出了以资源、商业机会和创业团队三个关键要素组成的创业活动模型，认为创业是资源、机会和团队之间相互匹配、不断平衡的动态过程。多兰热（Dollinger，2006）认为创业具有创新性、独创性、风险和不确定性、收益性等特点，是在外部不确定条件下为获得收益或成长而创建新组织的过程。拉特寇和科文（Kuratko & Covin，2011）认为创业是个体将精力集中用于首创一种新概念或建立新企业、事业，是一种创造性的活动。张玉利和陈寒松（2011）认为创新主要体现在创业企业早期的机会识别和开发、创新和创造价值阶段，创业是在资源高度约束的条件下，创建新企业并确保其稳定发展的行为。林文伟（2011）认为创业实质上是一种体现个体创业精神的活动，该活动的最终目的是创造价值。陈林海等（2014）认为个体的创新能力会通过高价值的创业活动体现出来，而创新能力主要强调学习和实践能力。

基于此，本研究认为创新和创业是两个既有紧密联系又有区别的概念。创新是创业的灵魂，也是创业的前提，创新的程度决定了创业的成败。创业是个体通过创业活动创造性的产生新知识、新能力，以及合理配置资源等，并在此基础上提升价值创造的过程。

2.1.2 大学生创业的内涵

大学生是创新型创业的潜在生力军，对我国经济社会发展具有独特作用。在政府政策激励与高校创业教育的推动下，我国大学生自主创业率有所提高，但仍然存在着一些迫切需要解决的问题，如创业成功率不高、创业融资能力弱等。然而，大学生作为最具创新精神和能力的群体，在知识获取、自身价值追求、主观能动性等方面具有独特优势，更容易受到创业激情的感染。因此，也更可能在创业激情的作用下将创业的认知转化为认同及自我评价，对创业产生更强的认同感，积极参与创业活动。因此，研究大学生创业问题，对缓解就业压力、促进产业结构转型、实现经济社会可持续发展具有重要的战略意义。

　　学者从不同视角界定了大学生创业的概念，主要从广义的视角将创业简单的定义为一系列新的赢利活动的开展（Nabi，2009）。彼特威和科佩（Pittaway & Cope，2007）认为大学生对创业的可行性感知和希求性感知是影响个体创业活动的关键要素，高校创业教育会影响大学生职业选择和决策。我国对大学生创业的关注开始于 1998 年清华大学举办的首届创业计划大赛。黄四枚（2009）认为大学生创业是在校大学生在面对风险的情况下，为了获得收益而开展的创造性活动。季丹（2010）认为大学生创业是在校的大学生或应届毕业生利用自身优势、获取资源、识别机会并向社会提供产品或服务的过程。王莹（2011）认为大学生创业的根本目标是实现自我、经济及社会等方面价值，在该过程中需要充分利用自身资源和能力以识别、利用机会，最终建立属于自己的新企业。朱瑞峰（2015）认为全日制在校及毕业三年内的大学生开展的创业活动都属于大学生创业的范畴。

　　综上，结合本研究特点，认为大学生创业专指在校接受高等教育群体的创业活动，包括大专生、本科生、研究生，充分利用自身创新能力，创造性地识别机会、整合资源、组建团队，建立新企业，实现自身价值和社会经济价值的动态过程。

2.2　创业决策

　　个体在做出创业决策之后，随之而来的是新产品或新服务的出现、新组织形式的建立等，而创业行为便体现在这些活动中。为此，在创业决策过程中，相关信息存在反馈机制，创业者利用反馈信息反思创业过程中遇到的问题，并根据实际开发新产品或新服务，不断地寻找创新点，为随后的创业实践提供信息和行动支持。因此，创业决策对整个创业活动过程中的个体创业行为具有较强的解释力。

2.2.1　创业决策的内涵

　　创业行为是个体创业精神在组织中的应用，是利用创业机会，创造价值的行为。创业行为揭示的是个体实际参与创业活动的过程，是衡量创业实践的发生与否（Sebastian & Ajzen，2003；李雯和夏清华，2013；李闻一和徐磊，2014）。创业行为主要聚焦于创业的宏观视角，强调创业的过程性，认为创业行为是新企业的创建阶段的总和，而创业决策是分析创业行为是否发生的实际预测变量。本研究主要分析创业情感因素对个体实际行为的影响，预测行为发生的可能性，因此，通过分析个体的创业决策状况可有效评估个体行为的发生情况。

创业决策是由西蒙（Simon，1986）提出的决策概念发展而来，西蒙认为决策是对方案进行评估和选择的过程。由于个体能力的有限性，个体在进行实际决策时会表现为有限理性和模糊性，因此需要在个体主观评估后作出行为决策（Huettel et al.，2006）。同时，创业机会窗口存在一个时间限制，从创业想法到具体的产品或服务，从机会的识别、评价到企业的形成需要一个较短的时间，因而创业者不得不将有限的各种碎片化信息进行整合做出快速决策（Eisnehardt，1989）。帕利耶和巴格比（Palieh & Bagby，1995）、陈等（Chen et al.，1998）从过程导向的视角定义创业决策，认为个体创业决策的开端是识别和评价创业机会，在明确其价值基础上，选择合适的商业模式决定开展创业活动。因此，创业决策是潜在创业者从考虑创业到新企业创建前的过程。而弗拉尼和穆林斯（Forlani & Mullins，2000）、西蒙等（Simon et al.，1999）关注结果导向，认为创业决策是个体做出创办新企业的决定，并愿意成为一个创业者的决定。随着创业决策理论研究的发展，创业决策的过程性研究逐渐深入。莎拉斯（Saras，2001）提出螺旋形的创业决策过程，认为随着创业环境和自身资源条件的不断更新，个体根据自身所具备的资源做出判断，并通过实际操作验证评判的结果，以实现相应的收益。创业的每个阶段都包含有个体的决策，因此，创业决策会渗透到创业的整个过程（Eunha，2007）。希德（Shade，2010）认为创业是一个相互联系的过程，包括对环境信息的感知与评价、处理信息、选择最佳方案、确定行动路径等步骤。潘丽思（Palich，2010）强调风险在创业中的作用，认为创业决策是一种个人参与的风险决策。钱德勒等（Chandler et al.，2011）认为一个完整的创业决策过程包括感知环境、评价机会等环节。创业活动具有异质性，使得创业决策会根据不同的情境、不同的创业者产生迥异的创业决策结果。因此，创业决策研究更加关注创业情境、创业识别和决策形成过程的阶段（Perry，Chandler & Markova，2012）。

国内学者从广义和狭义两个方面对创业决策内涵进行了界定。广义的创业决策是指潜在创业者在打算创业的前提下，识别创业机会、选择商业模式、感知风险等，最终做出决策的过程；狭义的创业决策关注个体要不要创业的问题（樊少华，2007；李蕊，2009；周劲波，2011）。彭华涛（2005）认为的资源禀赋是创业者创业动机的重要催化剂，创业者的创业决策是在资源、机会等多方面因素的推动下形成的。唐靖等（2007）将创业决策定义为通过对机会的认知、评价，分析创业机会的可行性，从而采取合理的决策行为开发创业机会的过程。苗青（2009）认为创业决策具有风险性、过程性和不可逆性等特点，是创业者面对商机时所做出的取舍。王淅勤（2010）认为创业决策以个体创业意愿为起点，包括识别和评价机会、创业方案形成等一系列心理过程。严维石（2011）认为创业决策是通过评估自身资本条件、机会成本和预期收益基础上，在不确定情境下做出的是否创业的重要决定。胡桂兰（2013）从创业团队的视角界定创业决策，认为创业决策是创业团队成员在面对风险决策以及团队决策机制下，对创业机会、商业模式、融资途径等方面进行的决策。陈超容（2014）认为创业决策是以新生创业者为研究对象，是潜在创业者在不确定条件下做出创业活动参与的决定。

综合国内外关于创业决策的定义发现，现有关于创业决策的阐释主要包括以下几个方面：第一，创业决策是创业者在创业动机作用下，做出创业决定的过程；第二，创业决策是个体在面对风险和不确定基础上，经历对创业机会的发掘、识别、评价和利用的过程；第三，创业决策是个体整合自身所具备的资源，以实现创造价值的过程。因此，创业决策通常是在不确定性条件下做出的决定，创业决策是创业活动是否开始的重要标志。本研究对以上创业决策内涵进行梳理和分析，认为大学生群体中的潜在创业者将面临更多的不确定性，因此需要更加关注影响大学生创业决策制定过程的驱动因素，即对机会的评价和自身资源、价值的衡量。因此，本研究结合大学生群体的特点，认为创业决策是创业者的创业动机驱动下，结合自身资源条件，感知、评价创业机会，做出的创业决定。

2.2.2 创业决策的测量

综合分析关于创业决策的研究，创业决策的可操作化测量方式主要包括分类变量测量、多题项测量两种方式。此外，有些研究还采用情景实验法对创业决策进行测量。

2.2.2.1 分类变量测量方法

创业决策的分类变量测量主要是依据狭义的创业决策概念，认为创业决策是个体要不要创业，是否要成为一个创业者的决策任务。尤克润等（Ucbasaran et al.，2008）认为创业农民是已经发现并选择创业机会，而非创业农民要回答"在过去 3 年中是否发现过创业机会"，若回答是，则进一步回答"发现创业机会后，您会开展企业创建活动吗"，据此结果判断农民是否做出创业决策。国内一些学者同样采取该方法衡量创业决策，杨其静和王宇锋（2010）分析 3 个月以上在 3 年内不太可能再次外出打工的返乡者的创业决策状况，并据此判断是否为创业者。程广帅和谭宇（2013）在测量农民工创业决策时，设计了受访者就业状况这一问题来判断其是否做出创业的决策，其中选择从事养殖经营、个体工商户、创办企业的赋值为 1，即做出创业决策，其他选项赋值为 0，即没有创办企业的决定。蒋剑勇等（2014）将创业决策作为分类变量，实施创业的赋值为 1，放弃创业的赋值为 0，利用 Logistic 回归方法分析影响农民工创业决策的相关因素。

2.2.2.2 多题项测量方法

从创业决策广义概念的角度梳理创业决策的多题项测量方式，研究发现：
第一，国内外现有研究相互借鉴，同时在不同情境下进行修订和拓展研究。西蒙等（Simon et al.，1999）开发了创业决策的三个题项量表，从未来职业选择的视角分析个体做出自主创业决策的可能性。马昆姝（2009）应用西蒙等（Simon et al.，1999）的量表，采用十点李克特（Likert）量表考察了不同地域的文化因素对创业决策的作用，对所有量表进行了检查，题项内部一致性和再测信度良好。王浙勤等（2010）参考西蒙等（Simon et al.，1999）开发的量表来研究影响创业决策制定过程的前因变量，并利用情景模拟问卷来衡量创业决策。塔劳利卡、格兰迪和沃尔德（Talaulicar，Grundei & Werder，2005）开发了三个条目的创业决策量表，如"当决策制定的时候一些决策方案已经明确""每一个决策方案都是经过明确分析和评估的""采用多种指标来评估决策方案"等。戈麦斯和彼得森（Gomez & Peterson，2015）

利用塔劳利卡等（Talanlicar et al.，2005）设计的量表分析了环境因素在创业决策中的复杂作用。任燕（2012）同样借鉴塔劳利卡等（Talanlicar et al.，2005）的研究，从认知视角出发，衡量在团队认知影响下的团队创业决策状况。胡桂兰（2013）借鉴了塔劳利卡等（Talanlicar et al.，2005）、周劲波（2005）和白云涛等（2008）的研究对测量量表进行了一定的修正，设计了创业决策的五个题项量表，如"正式开始决策前创业团队成员对决策方案有明确的设想""创业决策制定过程中创业团队成员都积极的发表自己的意见"等。

第二，将创业意愿作为衡量创业决策的有效方式，参与创业决策的测量。范巍（2006）借鉴创业意愿的方法评价创业决策，从创业需求性和创业可行性两方面测量创业决策。郑少峰（2010）也从个体参与创业行为的意愿倾向视角分析农民返乡创业决策的条件，从创业意愿和创业可行性两个方面测量创业决策。在此后的研究中，杨蕊（2013）从未感知行为控制和创业意愿方面衡量了农民工的返乡创业决策，分析了个体资源禀赋在创业中的作用，如"对创业有很强烈的动机并愿意为此承担风险""所具有的资源使你感知创业可行性很强"。

第三，关注创业决策特征的测量。李（Li，2009）从决策的创新性、先动性、风险承担性三方面测量公司的创业决策。柯乐曼等（Kellermanns et al.，2014）将创业决策的满意度、执行程度和速度作为创业决策效果的衡量指标。曹小红和蔡莉（2008）通过随机抽取的八家样本企业的实地调研，开发了针对高新技术产业集群的创业决策量表，包括"您企业选择的产品或服务于领先企业的相似程度""您企业选择进入市场的实践与领先企业的相似程度"等七个条目。苗青（2009）从决策速度、认同度和正确度三个方面衡量创业决策，分析创业决策的微观作用机制。张蕾（2011）开发了创业者直觉决策调查问卷，分析创业者的认知和情感因素对创业决策的影响，包括"过去的教育和培训经历对我很有帮助""在决策前要收集大量的相关信息""在决策时一定要按照严格的决策步骤来进行"等三十五个条目。陈超容（2014）在苗青（2006）研究基础上，对创业决策测量模型进行修正，提出了创业决策速度、认同度及正确度三个维度，包括如"这次创业从发现机会到决策，进展速度很快"等六个条目。

2.2.2.3　实验法

赛哈德和布美斯特（Sehade & Burmeister，2009）提出了利用实验法测量创业决策，实验法能够从个体层面较好的探索各研究变量关系；此外，研究对象和变量之间的关系嵌入在动态环境中，通过实验控制能避免被试者受到因素变化的影响。国内一些学者在参考相关研究基础上，采用实验法、情景法研究创业决策。任旭林（2006）通过实验模拟的方法，对57名被试者，采用2×2×18混合实验设计，从个体和组织层次分别分析企业决策与适用性的作用机制。李蕊（2009）将西蒙等（Simon et al.，1999）的量表应用于情景研究中，通过被试者对案例的分析状况衡量创业者在风险条件下所产生的创业决策。陈高棋（2012）将场景开发法应用于创业领域研究，被试者需要根据案例的描述，从自我的视角判断是否要开展创业，并根据结果来衡量被试者的创业决策。蒋剑勇（2014）采用案例方法测量创业决策，由被调查对象根据案例材料来衡量被试者的创业决策，让被调查对象判断案例中的决策者是否应该为了创业而辞掉工作。傅许坚和蒋雪芬（2016）采用情景模拟方法测量各因素对个体的创业决策的作用，假设了现实的创业情景，要求被试身处其中，做出是否创建企业的决定。

通过综合分析国内学者对创业决策的测量发现，针对创业决策多维度测量的方式更能突出创业过程中创业要素的关系，以及在整个创业过程及未来职业发展中的作用。因此，本研究将采用多题项的测量方法，运用问卷调查的方式衡量创业决策。

2.2.3　创业决策前因变量和结果变量研究

本研究从两个方面分析创业决策的研究现状，即影响个体创业决策制定的前因变量，以及创业决策作为前因变量对创业行为、创业企业的作用。

2.2.3.1　创业决策的前因变量

关于创业决策在创业活动中的作用已经进行了大量研究，主要关注文化环境因素、意愿因素、个体特质、认知因素对创业决策的影响（Shane & Venkataraman，2000；Pech & Cameron，2006；Krueger，2007；Dash，2010）。

从情感视角和行为倾向视角综合分析对创业决策作用机制的研究还相对较少，情感要素主要包括创业激情和创业承诺，而行为倾向因素主要是创业意愿。因此，本研究将从创业激情、创业承诺、创业意愿及其他相关因素等方面分析创业决策的研究现状。

1. 创业激情与创业决策的关系研究

情感因素是社会心理学研究的重要因素，创业领域注重情感与个体行为关系的研究，如情感经历如何影响创业决策（Podoynitsyna et al.，2013）或创业机会的探索过程（Welpe et al.，2012）。创业激情的理论研究方面，学者已明确指出创业激情在创业过程的重要性（Eckhardt & Shane，2003），认为激情是创业过程中最容易观察到的现象（Smilor，1997）。卡登等（Cardon et al.，2005）认为个体对创业的热爱和创业激情会对个体的创业活动产生功能性的结果，能够使创业者坚持面对困难，在追求目标的过程中保持热情。创业激情的积极情绪可以提升个体创业行为的创造性，利于识别机会（Baron，2008）。具有激情的创业者对创业活动具有更强的创新性、持久性，更专注于创业相关的活动，是提高创业结果的关键（Cardon，Wincent & Singh et al.，2005）。卡登等（Cardon et al.，2009）指出激情是嵌入创业实践中最深层次的因素，并构建了创业激情的经验模型，认为创业激情会影响个体创造性解决问题、持久性和专注性等行为。福等（Foo et al.，2009）认为创业激情作为个体重要的情感因素，会影响创业者的行动。创业激情作为一种态度，由情感和认知因素组成，会影响个体对创业行为强烈的倾向（Ho et al.，2011）。研究表明，创业者的认知和情感是直觉决策的一组重要的影响因素，且共同作用于创业决策过程中对信息的处理和利用阶段（张蕾，2011）。

实证研究方面，已有研究分析了创业激情与创业成长、企业绩效（Baum & Smith，2001；Baum & Locke，2004）、风险资本投资（Chen，Yao & Kotha，2009）的关系，但关于创业激情对个体创业决策的研究相对较少（McMullen & Shepherd，2006）。缪瑞克斯等（Murnieks et al.，2011）开发和检验了一个关于创业激情的复杂模型，探索创业激情的影响因素，及对个体创业者的作用机制。研究表明，与自我效能相比，创业激情对创业活动参与的驱动作用更强。张蕾（2011）以新创企业的创业者和一些成功的创业者为样本，从情感视角分析个体创业决策的信息处理过程，结果发现个体的情感经历对创业决策具有一定的引导作用。史江涛（Shi，2012）以中国 19 家企业的 228 名员工为研究对象，构建和谐激情、强制激情对员工创新行为影响的模型，研究表明员工的和谐激情能激发员工的创新行为，且认知专注和组织自尊起中介作用，而强制激情对创新行为的作用不显著。卡登等（Cardon et al.，2013）利用对 128 名美国创业者的问卷调查数据，分析了三种创业激情对创业持久性的影响，研究发现创新激情和创建激情对创业持久性有显著的正向影响，而发展激情的作用不明显。朱云霞（Zhu，2015）以中国中小企业中32 名员工的深度访谈和 52 件工作中的事件为研究对象，构建了以儒家仁义为基础的理论模型。研究发现"情"（积极情感）是决策制定中的关键因素之一，创业实践中创业者都需要去面对与"情"（积极情感）和"理"（理性）两者之间的平衡。

2. 创业承诺与创业决策的关系研究

创业承诺是个体创业活动过程中的情感力量之一，理论研究方面关注承诺对未来行为决策的直接影响（Festinger，1964）。凯乐（Kiesler，1971）认为承诺、决策、行为之间存在相关关系，个体不能通过努力的想法和感受来实现承诺，但是行为和行动却可以实现。这种观点认为承诺可以应用于目标承诺和实现目标的行为计划，可以通过行为的有效实施实现行为目标。博瓦和焦耳（Beauvais & Joule，1981）认为在确定的条件下，个体的行为越积极，他们所做出的承诺也就越多，也认为引起个体承诺的可能性直接与个体制定决策的感受相联系。卜亚特（Bruyat，1993）围绕承诺的概念提出了创业的动态模型，认为个体承诺是创业活动开始的实际时间点。创业承诺是决定创业的最后阶段，是创业行为出现和企业如何创立的决定性变量（Fayolle et al.，2011）。创业承诺是个体创业过程中的关键要素，可用来解释为何有些人拥有强烈的创业热情，而没有从事创业活动的原因（Politis & Landstrom，2002）。只有具有较高承诺的创业者会对创业投入更多的心理成本，更加认同创业，并吸引他们参与创业活动（Cardon et al.，2005）。创业者对新创企业的承诺较高，是因为警觉性引导他们识别潜在的机会，并将潜在的机会显性化（Tang，2008）。

实证研究方面，埃里克森（Erikson，2001）以英国的 MBA 学生为样本进行实证研究，实证结果显示创业承诺显著的正向影响个体获取创业资源的行为，创业承诺与创业绩效存在显著的正向相关关系。杨等（Yang et al.，2010）以 229 名学术专利发明者为研究对象，揭示创业承诺对研究转化数量、应用型研究等学术型创业的作用。研究发现改变传统的知识创造和传播的方法，是提升研究者的创业承诺，鼓励学术研究人员创业的有效途径。辛克莱等（Sinclair et al.，2009）以毕业于商学院的学生为研究样本，从自我效能和认知机制两方面分析创业承诺对创业活动的影响。研究发现创业承诺的预测能力能帮助收集有效信息进行创业准备，有着创业承诺的个体将会坚持所选择的创业活动。艾丽塞（Alias，2011）以马来西亚参与联邦农业营销机构的 246 名农民创业者为研究对象，分析创业承诺对个体自主性活动的影响，结果发现创业承诺和个体自主性创业有显著相关关系，其中创业者的成就动机和客户关系与创业承诺有关。李文博（2013）分析集群背景下大学生的衍生创业活动，及影响创业活动的关键因素。研究发现团队认知影响创业活动的路径中，创业承诺、团队理解、心智模式、交互记忆是影响大学生参与新创企业创建的重要因素。

3. 创业意愿与创业决策的关系研究

意愿能够对个体的行为进行预测，对个体做出创业的决策有决定性作用（Krueger，2000）。创业动机的产生源于创业意愿，潜在创业者的创业意愿越强，说明个体具有更强的创业动机，也更可能做出创建新企业的决定，由此可知，创业决策是在动机推动下的理性选择过程。然而，在多数情况下个体的创业决策是在创业者的感性意愿推动作用下产生的（秦志华，2015），并可能一定程度上影响创业活动的发生。在理性行为理论（theory of reasoned action，TRA）基础上提出计划行为理论（theory of planned behavior，TPB），认为个体行为的产生直接取决于个体执行某种特定行为的意图，个体行为意图越强，能够开展创业活动的可能性越大（Ajzen，1991）。计划行为理论为解释创业者如何进行创业决策提供了理论依据。

实证研究方面，路径分析方法认为创业是有意愿性、有计划的行为，证实作为创业行为重要组成部分的创业决策可以用个体创业意愿来解释（Krueger，2000）。范巍和王重鸣（2004）通过构建创业意愿的影响因素模型，设计了创业意愿量表以及"大五"人格量表，研究发现，具有较高创业意愿的大学生更有可能开展创业活动。贺丹（2006）认为创业可能性和创业准备可以间接通过创业意愿影响个体创业活动参与。其中，创业可能性是创业个体在今后职业生涯中是否开展创业活动的可能性，创业准备是创业个体在创业活动之前是否有详细的创业计划以及对创业流程的了解情况。钱永红

（2007）从个体对创业的主观态度来评价创业意愿的强弱，认为创业意愿是潜在创业者必备的要素，也是开始创业准备及创业实践的开端。创业意愿是引导创业决策的重要因素，其中较为关键的是对创业机会的搜索和感知等方面的意愿，这决定着潜在创业者的后续行动（Krueger & Day，2010）。方卓（2012）以新生代农民工为研究对象，分析创业认知、创业意愿对创业决策的影响，研究发现提高新生代农民工的创业认知和创业意愿能有效促进其做出参与创业活动的决策。邸浩等（2014）以 336 名清华大学校友创业者为研究对象，构建了创业意愿关系模型，结果发现个体特质、教育背景、社会支持、创业能力等方面会影响创业意愿与创业活动参与的关系。

4. 其他因素与创业决策的关系研究

除以上情感因素和意愿因素对创业决策的影响以外，国内研究还有针对文化环境因素（唐靖等，2007）、个体特质（姜剑勇等，2014）、认知因素（张秀娥和周荣鑫，2012；方卓，2014）等因素与创业决策关系的研究。不同的环境因素视角是研究创业决策的思路之一，经济、行业、金融、地理、社会文化环境等因素对创业的发生有影响（Shane et al.，2002；Cuervo，2007）。厚普等（Hopp et al.，2012）探讨了文化环境在个体创业活动的嵌入性，认为文化因素等微观因素与个体的创业决策相联系。马昆姝和李雁晨（2014）分析中国珠三角、长三角、福建等不同区域中各文化因素对创业决策的影响，发现个人主义、权利距离、不确定性规避对个体的创业决策的影响存在差异。学者们研究了创业者的诸多心理品质，试图寻找创业者与非创业者在个人特质方面的不同，包括控制点、成就需要、对不确定的容忍性及创业者禀赋等（Gartner，1988；Shaver，1995；Delmar，1996，2000）。鲍姆和洛克（Baum & Locke，2004）分析个体特质与创业决策的关系，认为创业者对新资源的识别和应用能力与创业决策有明显的关系。沈冬薇和颜士梅（2009）构建了在环境因素和个体特质共同作用下的潜在创业者的创业决策简化模型，解释了个体特质对创业决策的影响。随着创业决策研究的深入，认知因素的作用越发受到重视，创业风险感知、风险倾向、自我效能、创业认知等因素与创业决策的关系受到关注（Sitkin & Pablo，1992；De Noble et al.，1999；Forlani & Mullins，2000；Mitchell et al.，2002；Saulod & Kickul，2007；陈超容，2014）。此外，西蒙和霍顿（Simon & Houghton，2002）认为认知偏差主要来自信息过载、不确定性等因素，使个体对信息处理过程产生偏差，进而影响风险投资中的个体的创业决策。马昆姝和胡培（2008）以个体的风险感知为主线，分析了风险倾向、认知偏差以及创业自我效能等认知因素对创业决策的影响作用，并提出了基于认知理论的创业决策模型。

总之，创业激情、创业承诺、创业意愿与创业决策的相关研究来看，国外研究中关于意愿要素与创业决策之间关系的研究更加全面，从理论研究和实证研究两个方面检验了两者的关系。而国内研究主要集中于意愿因素与创业决策的研究，关于情感要素在个体创业决策的理论分析和实证研究还需进一步拓展。为此，在实施创新创业发展战略背景下，深入探索影响个体创业决策的情感要素和行为倾向的协同作用机制是非常必要的。

2.2.3.2 创业决策与创业行为、企业发展的研究

创业决策作为效果指标出现，用于判断创业活动的开展情况。创业决策的结果输出是个体的创业行为，是接下来创业活动开展及创业企业成长的关键点（傅许坚和蒋雪芬，2016）。郭群成（2011）以农民工为对象，从创业计划行为、创业决策行为、创业合作行为和创业激励行为四个方面进行分析个体创业行为。傅许坚和蒋雪芬（2016）分析了创业意愿、创业决策与创业行为的关系，认为创业决策本身是一种理性选择，也是理性选择的结果，决定了创业行为的产生，同时创业行为也会受到感性因素的作用。创业行为过程中的意向性，以及行为目的、方式、对象是创业决策的结果，创业决策的结果不仅仅是行为倾向性，而是如何开展创业行为，因此，创业决策直接决定了创业活动的发生。

现有创业研究大多以个体创业者的决策为主要对象，分析不同发展阶段企业发展决策对企业产生的影响。由于环境的多变性和复杂性，在企业发展的不同阶段对资源进行整合、获取，不断做好进一步的战略决策，因此，需要关注创业决策在企业发展过程中的作用。曹小红和蔡莉（2008）分析高新技术产业集群中创业决策的作用机制，认为领先型创业者作为一个典型的示范案例可以刺激模仿型创业者通过观察学习，在创业动机的刺激下实施创业决策，最终结果是实现自身企业发展的同时产生产业的集聚效应。田莉和张玉利等（2015）探讨了中国转型经济的制度环境下，创业者决策及组织边界建构逻辑的影响。认为在新兴市场中，创业者对顾客需求、市场细分、资源配置的决策塑造了企业或产业的组织边界，形成了以效率、影响力和能力等

因素构建的多元组织边界。综上，个体创业决策能够影响创业行为的产生及新创企业未来的发展，因此，研究个体创业决策为进一步分析个体因素对创业企业的影响具有重要意义。

2.3　创　业　激　情

2.3.1　创业激情的内涵

2.3.1.1　激情的概念

有关激情的解释最早出现在哲学领域，17 世纪的荷兰唯物主义哲学家斯宾诺莎认为激情会引起不被大众接受的思想，因此拥有激情的人是被动的、消极的，是受激情控制的，因此，犯罪、赌博等行为是在激情驱使下非理性的行为。17 世纪法国哲学家笛卡儿则提出了相反的观点，认为激情与人之间的作用是积极的、主动的，激情是一种强大的情感，会影响个体的行为倾向。19 世纪唯心主义哲学家的代表之一，黑格尔进一步解释了激情的积极性，认为激情是个体实现成功的必备条件，当个体能够运用激情从事相关活动时会产生相应的利益回报（Paturet，2001）。罗素（1945）提出在人类所实现的最伟大的成就中，都包含有激情的成分，这意味着强大的破坏力和创造力。

由于激情的产生取决于人对相关事件的内心感受，因此引起社会心理学家的关注，强调激情是个体动机的重要因素，将激情定义为一种在情绪影响下选择最终要达到的目标，认为个体为实现这一充满激情的目标，愿意投入大量的时间和精力（Frijda & Van Goozen，1991）。激情是个体行为过程中的情感体验，是对追求挑战性目标的热情（Smilor，1997）。其他与激情相关的还包括关系往来、成瘾性行为、个体利益等（Sachs，1981；Krapp，2002）。自我决定理论认为激情包括强制激情与和谐激情两种形式。强制激情是在情绪的压力作用下迫使个体参与活动，虽然个体喜欢自己的工作，但是他会感受到一种参与活动的压力（Vallerand & Houlfort，2003）。有着强制激情的个体会认为自己对工作并没有帮助但是不得不参与。而和谐激情是一种动力，使得个体自愿的参与活动，产生对活动追求的意志力。本研究将激情定义为个体对所喜欢（甚至是热爱）的活动产生的强烈倾向，当个体认为该活动非常重要时，会在这项活动中投入大量的时间和精力。

通过对激情内涵的梳理可知，激情产生来自个体对事物的评价，容易受到非理性因素的影响，然而在对个体行为产生作用时又会含有个体的理性认知，由此可见激情是一种在非理性因素驱动下，个体针对某项活动所产生的相对理性的情感感受。

2.3.1.2 工作激情的概念

激情由社会心理学拓展到组织领域，分析工作激情中的强制激情、和谐激情对员工心理适应性的影响（Vallerand & Houlfort，2003）。工作中的强制激情是奖金、惩罚等外部压力因素作用的结果，个体被动接受工作；而和谐激情是个体主动、自愿的接受工作。两者的相同点是员工对工作重要性的认知是一致的，不同点是前者工作的动力来自外部压力，而后者的工作动力来自对工作本身的热爱。激情在组织中的作用揭示了工作激情的重要性。工作激情是一种在积极情绪作用下，全身心投入自我认可的工作的一种心理状态（Perttula et al.，2003）。

那么组织如何促进个体和谐激情的产生呢？活动价值和自主性是促使和谐激情产生的两个因素（Vallerand & Houlfort，2003）。当组织认可员工工作重要性时，员工的工作价值便获得体现。组织积极创造员工自主决策的环境，有助于员工更关心工作行动，通过自主性培养积极的和谐激情。因此，成熟的工作价值和自主性能够互相补充，促进和谐激情的产生。从个体对工作需求的内化过程来分析工作激情，认为内化过程包括两种形式：自主性、被动性（Vallerand et al.，2007）。自主性的内化过程是在没有突发事件的情况下，个体自愿接受活动的重要性，这种内化形式源自内在的、综合性的自我倾向，在动力推动下自愿的参与活动，产生一种意志力和自我支持（Deci & Ryan，2000）。而被动性内化过程来自内部或人际关系的压力，或者是某些突发事件，如社会接受度、自尊等。工作激情是对所参加活动的强烈倾向，激发个体长期从事刻意练习的动力，并且最终利于绩效的提升。

社会认知理论，将工作激情从情感、认知和倾向三个方面进行界定，认为工作激情是在对工作倾向和行为进行认知和情感评价的基础上，对工作产生的积极、持久的情感状态（Zigarmi et al.，2009）。

在工作激情的二元模型基础上，工作激情被认为是一种工作态度，由情感和认知因素组成，是对工作认可的强烈倾向（Ho et al.，2011）。工作激情的首要因素是情感因素，是对工作的热爱；另一因素是个体对工作重要性和意义的认知。有工作激情的人不仅热爱工作，而且认为工作对他们的自我定位也是非常重要的。即使两者均是热爱该活动的重要因素，工作的内在动机与激情存在区别，自我认同的内化是激情的关键特征之一，而内在动机简单的表现了对工作的热情和满意度，直接与短期工作绩效相关（Koestner & Losier，2002）。

从强制激情与和谐激情对行为内化过程的不同作用出发，可以将工作激情的行为内化过程概括为个体认同，认为这种将组织工作转化为个体认同的过程称作是个体对组织工作的激情（Forest et al.，2011）。

国内关于工作激情概念的研究相对较晚。康承业（2009）从企业层面阐述了企业激情在企业管理中的重要性，认为企业激情是被激发出来的一种高昂的情感状态。张剑等（2014）根据研究范围的不同，从一般性激情、组织激情、企业家激情三个层面解释工作激情，认为工作激情是个体对工作重要性和意义的认知，并会努力投入精力以实现目标，促进个体的工作意愿。

综上所述，现有对工作激情的定义主要来源于工作激情的二元模型（Vallerand & Houlfort，2003），并在此基础上对两种工作激情产生的过程进行深入研究，分析工作激情对个体行为的作用。因此，本研究认为工作激情是激励个体全身心投入工作的强烈的情感倾向，并通过行动逐步内化为个体认同的过程。

2.3.1.3 创业激情的概念

创业激情还可以看作是创业者的一种特质，是成功创业领导者的特质，是创业者普遍的、稳定存在的特点，可驱动创业者面对不确定性和资源困乏等问题（Baum et al.，2001）。然而，在实际的创业过程中，随着新创企业的成长，个体的创业激情会随着时间的推移而削弱，甚至消失。创业激情是个体对创业活动的一种热爱，拓展了个体创业激情产生可能的途径（Baum & Locke，2004）。创业研究领域关于情感影响的研究不断增加，情感对个体参与创业活动有重要的意义，创业激情作为一种重要的情感因素是驱动创业活动的关键变量（Cardon et al.，2012）。

对创业激情理解的视角逐渐由特质观点向情感视角发展，从情感视角综合分析个体对外部刺激的心理反应，认为企业是创业者的"孩子"，体现了个体与创业活动的联系和认同感（Cardon et al.，2005）。认为创业激情是创业者面对困难、追求目标过程中保持的热情，是保持创业持久性的关键要素。创业激情可以抵消创业初期产生的消极情感，引导个体产生强烈的认同感。

在此基础上，进一步强调了创业激情是个体在创业活动中可获得的积极的情感经历，与角色认同相关，特别是创业者的自我认同尤为重要（Cardon et al.，2008）。定义包括两方面的含义：第一，创业激情涉及积极且强烈的情感感受，激情是具有持久性的而不是短暂的；第二，激情感受是为实现创业目标的，认同对创业者意义重大，激情包括创业者和其他重要角色之间的深度认同关系，即角色认同（Murnieks & Mosakowski，2006）。创业激情是积极且强烈的情感，并不是创业者天生具有的，而是促使他们参与一些身份认同很重要工作的因素，如创新者身份、创建者身份和发展者身份是个体创业激情的重要体现（Cardon et al.，2009a）。创业激情被划分为创新激情、创建激情、发展激情。其中，创新激情是个体对识别、探索机会相关活动的激情；创建激情是个体对参与机会的利用，参与创建新企业活动的激情；发展激情是个体对新创企业发展、企业成长等活动的激情（Cardon et al.，2009b）。在将创业激情进行三种分类的基础上，基于情绪感染理论分析了创业激情对员工的影响，认为员工的创业激情来自员工和管理者的目标和价值共享，创业激情感知能提升员工的目标清晰度和情感承诺（Breugst et al.，2012）。

从创业激情对创业活动刺激作用的动机视角出发，创业激情被定义为一种创业者强烈的情感表现，并伴随认知和想法的产生，能够激励潜在创业者将创业想法转变为行为意愿，参与创业实践（Chen，2009）。

创业激情是人们积极参与创业后所获得的愉悦情感（Clercq et al.，2013）。同时，创业激情不仅仅是一种情感，而且是一种认知，这种认知影响个体参与相关活动的意愿。更重要的是，较为强烈的创业激情能够提升应对不确定性的能力，在面对挑战时发现更多的选择。

由创业激情产生的过程来看，创业活动的自主性内化能激发个体参与创业，追求挑战性和刺激。积极情感的产生可以激发创业者成功的信念和提升身份认同感，这样的创业者对评价和判断相关活动更有信心（Jamil et al.，2014）。

国内关于创业激情的研究较少，主要是谢雅萍（2013）对创业激情的国外相关研究进行梳理和总结，认为创业激情概念应包括个体、团队、组织层面的内容。宋亚辉等（2015）将创业激情看作是企业家激情，认为企业家激情是在外部工作环境和员工个体因素共同作用下，工作认知评价、积极或消极情感评价、工作动机内化三者共同作用的结果。梁祺和王影（2016）主要借鉴卡登（Cardon）的观点，认为具有创业激情的个体会在创业的各阶段，识别环境信息、想法或路线，能坚持不懈的投入创业，同时，创业自信心强化个体对创业成功的自我认知，实现创业目标。方卓和张秀娥（2016）同样从卡登的研究出发，认为创业激情是创业者识别机会、探索新产品或管理方式的核心要素，积极情绪驱动创业者对结果产生积极评价，增强创业自我效能感。

综上所述，大学生群体的创业活动更容易受到创业宣传、创业典型及创业氛围的感染，其创业行为更倾向于从情感角度出发，因此，本研究以大学生为研究对象，从情感视角分析大学生创业激情对创业活动的影响。本研究主要借鉴卡登等（Cardon et al.，2009）的研究，认为创业激情是个体针对创业活动不同阶段的不同身份，产生的对这一阶段创业活动的强烈情感倾向，激发个体积极参与创业活动。

2.3.2　创业激情的测量

学术界关于创业激情理论和实证分析研究的不断拓展，针对创业激情测量方式的研究也在逐渐深入。近年来国内外学者对创业激情的研究采用的定量测量方法主要包括以下两种：

第一，激情的二元模型为基础，从强制激情、和谐激情两个维度编制了创业激情的量表，信度分别是0.70、0.85。该量表从14个题项进行测量，强制激情的题项包括，如"失去工作我将难以生活""没有工作我的生活将会一团糟""工作中我经常会产生强制性的感受"等7个条目；和谐激情的题项包括，如"在工作中我可以感受到各种各样的生活经历""我的工作与生活中的其他活动使相互协调的""我全身心的投入工作"等 7 个条目。该研究运用所开发的量表实证检验了强制激情、和谐激情与个体心理适应性的关系（Vallerand & Houlfort，2003）。

关于创业激情两维度量表在实证研究中的应用，主要包括以下研究：运用该量表验证和谐激情可能与积极的主观幸福感相关，强制激情可能会产生消极的经历（研究 1）；而强制激情会在付出主观幸福感的情况下影响绩效（研究 2）（Vallerand et al.，2007）。运用两维度量表验证不同文化背景下激情的二元模型在职业倦怠中的应用（Vallerand et al.，2010）。在此基础上，检验和谐激情与强制激情两种激情对员工工作绩效的关系，同时分析认知参与（吸收认知和注意力认知）在两者间的中介作用（Ho et al.，2011）。分析中国企业员工强制激情、和谐激情对企业创新行为的影响（Shi，2012）。从强制激情、和谐激情两个层面分析创业激情对个体目标动机和行为参与的作用（Jamil et al.，2014）。在以上研究中，激情两维度量表具有较高的信度和效度，是将工作激情研究引入创业激情实证研究中较为重要的测量方法。

国内应用该种测量方法对激情二元模型进行的研究主要有，许科等（2013）基于自我认知理论，通过对 454 名企业员工的问卷调查，探索员工的和谐激情、强制激情对进谏行为的作用。陈亮等（2014）基于社会交换理论，以 300 名企业员工及其领导为研究对象，分析激情二元模型在组织变革中的作用，研究发现工作激情与变革支持行为正相关，且变革型领导风格会影响两者之间的关系。在创业激情方面的研究，宋亚辉（2015）以 204 名员工及其主管为研究对象，在激情二元模型基础，分析员工创业激情对创造性绩效的认知、动机和情感机制的作用路径。然而，在国内创业激情研究中，工作激情的二维度量表对分析创业活动中创业激情的测量有效性还有待进一步的验证。

第二，从创新激情、创建激情、发展激情三个方面，针对创业者不同的身份对创业激情进行划分，并开发了 15 个题项的量表。创新激情包括 5 个条目，如"能找到解决未满足市场需求的机会，并将其商业化是非常令人兴奋的""我非常乐意寻找能产生新产品或服务的想法"等；创建激情包括 5 个条目，如"创建新企业是令人非常兴奋的一件事""我有充足的精力来经营一家企业"等；发展激情包括 5 个条目，如"我会尽量说服风投在企业中投资""我能敏锐的识别到产品或服务的消费者"等（Cardon et al.，2009）。

在此后的研究中提出从积极情绪和身份认同两个方面分别测量三种创业激情，共包括 13 个题项，如"寻找到解决未满足市场需求，并将其商业化是非常令人兴奋的""为产品或服务需找新的想法对我来说是非常愉快的""探索解决问题新的方案是表明我身份的重要部分""企业创建者是表明我身份的重要部分"等（Cardon et al.，2013）。比较先后提出的关于创业激情的两种测量方法可知，第二种测量方式是按照积极情绪和身份认同分别衡量了不同阶段的创业激情，删除了信度较低的两个题项，题项的主要内容上没有显著的差异。

关于前面两种量表的应用方面，从创业者创新激情、创建激情和发展激情三个角度分析创业激情的传递作用。研究发现，与创新激情和创建激情相比，员工更能够感知到创业者的发展激情，因为发展激情与企业未来的发展更接近，更能体现未来的发展方向（Breugst et al.，2012）。之后的研究，从创新激情、创建激情、发展激情三维度检验了创业激情对创业自我效能与创业持久性的中介作用，并表现出较高的信度和效度（Cardon et al.，2013）。创建新企业并不是由一系列的稳定的事件链组成的，而是一个包含成功和反馈的动态过程（Lichtenstein & Gartner et al.，2007），因此，不同阶段的创业激情也是动态变化的，采用不同阶段对创业激情进行划分更能符合创业活动的动态性。该测量方式在国内现有关于创业激情的实证研究还有待深入，因此，本研究采用动态的观点，选用得到实证检验的创业激情三维度量表，以我国大学生样本为研究对象，进行关于创业激情本土化的实证研究具有重要的研究价值。

2.3.3 以创业激情模型为基础的创业激情研究

本研究从创业激情的主要研究路径梳理创业激情的研究现状，即以激情的二元模型为基础的研究路径和以激情感染模型为基础的路径。

2.3.3.1 激情的二元模型研究路径

以自我决定理论为依据提出的激情二元模型（见图 2.1），以秘书、技术员和大学教师为调研对象，以喜欢指数、价值观、付出的时间和精力三个标准分为强制激情组、和谐激情组、无激情组，通过两次实验，分析强制激情、和谐激情两种激情对心理适应性的影响（Vallerand et al.，2003）。结果发现心理适应性由强到弱分别是和谐激情组、强制激情组、无激情组。和谐激情对心理适应性有正向的预测作用，而强制激情对心理适应性有负向的预测作用。此外，和谐激情能有效预测工作满意度，和谐激情和强制激情的员工要比无激情的员工心理需求的满意度要高。

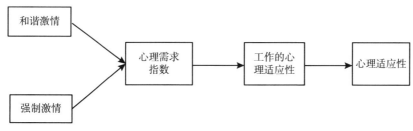

图 2.1　激情的二元模型

资料来源：Vallerand R J，Blanchard C，Mageau G A，et al. Les Passions de l'ame：On Obsessive and Harmonious Passion［J］. Journal of Personality & Social Psychology，2003，85（4）：756–767。

研究者通过两个研究检验激情的二元模型对绩效的作用，结果发现，强制激情、和谐激情对刻意练习有正向影响，刻意练习可以有效预测绩效（研究1）；目标实现在激情与刻意练习之间存在中介效应（研究2）（Vallerand et al.，2007）。结果都支持了激情的二元模型，工作激情可间接促进绩效结果，但是对主观幸福感和目标实现的作用存在差异。此外，进一步分析了法国和加拿大两种不同文化背景下，激情的二元模型在职业倦怠中的应用，为研究职业倦怠提供新的视角（Vallerand et al.，2010）。研究发现，和谐激情能够预测工作满意度的增加，降低冲突；相反强制激情能够增加冲突的发生。

部分学者以激情的二元模型为基础进行应用性研究，霍等（Ho et al.，2011）以保险公司509名员工为研究对象，分析和谐激情和强制激情两种激情与员工工作绩效的关系，同时检验认知参与（吸收认知和注意力认知）在两者间的中介作用。结果表明和谐激情员工的认知参与度较高，与工作绩效显著正相关，而与强制激情不存在这种关系。佛瑞斯特等（Forest et al.，2011）以加拿大魁北克省一家大型服务公司的439名员工为调研对象，探讨工作激情与心理幸福感的关系，研究结果表明和谐激情与心理幸福感存在显

著的正向关系，强制激情与心理幸福感存在显著的负向关系。贾米尔等
（Jamil et al.，2014）以本土马来西亚人与马来西亚华裔为研究对象，分析创业激情对行为参与的作用。结果发现，华裔马来西亚人具有更高的和谐激情，可促使他们寻求更高层次的独立性，并将行动集中于认同的构建。较高的自主性可以产生积极的情感和积极的能量，提升创造性。

国内以激情二元模型为基础的研究，主要分析工作激情与工作绩效、创新行为的关系。林（Lin，2012）以中国企业为研究对象，研究发现创业激情能够显著影响企业员工的工作绩效，但多元回归分析结果显示和谐激情可有效预测绩效，而强制激情不能预测绩效结果。林云云（2012）以全国 7 个城市 400 多名员工为研究对象，分析了工作激情在组织中的作用。研究结果发现，和谐激情与工作绩效存在正向关系，而强制激情对工作绩效的作用不显著，且工作激情对进谏行为有正向影响。

雅惠等（2015）以北京和山东两地 365 名员工和管理者为样本，分析两种形式的激情与员工工作绩效的关系。研究发现，工作激情对绩效有显著的影响，其中强制激情可正向预测工作绩效，而和谐激情不能预测绩效。这一研究结果与先前研究明显不同，认为现代企业中工作激情在提升工作绩效中发挥重要作用，且主要因素是强制激情。产生这种情况的原因可能与企业管理的绩效导向和严格控制有关，有着强制工作激情的员工会受到环境的控制，因此更加注重追求和实现绩效目标，他们的绩效水平会更受关注和激励。相反，和谐激情较高的员工对绩效目标的关注较少，因此会在短期内产生较低的绩效。

宋亚辉（2015）以 435 名员工及其主管为研究对象，分析员工工作激情对创造性绩效的影响，并从认知、动机和情感三个角度构建了工作激情与创造性绩效的作用路径。研究发现，和谐激情对创造性绩效的作用可以通过动机和情感两个路径发生作用，而强制激情仅通过动机通道影响创造性绩效。

在分析激情对行为影响的研究中，史江涛（Shi，2012）以中国 19 家企业的 228 名员工为研究对象，分析激情对创新行为的影响。研究结果发现，和谐激情能激发员工的创新行为，且认知专注和组织自尊在两者关系中起中介作用。然而，强制激情与组织自尊负相关，且与认知专注不存在相关关系。秦伟平和赵曙明（2015）以 532 名员工及其 86 名主管为研究对象，分析工作

激情在真我型领导与员工创造力关系中的作用。研究结果显示，真我型领导
能够正向影响员工的和谐激情，而与强制激情存在负相关关系；和谐激情在
真我型领导和员工创造力之间起完全中介作用，而强制激情在两者之间不存
在中介作用。

2.3.3.2　创业激情感染模型研究路径

从创业者研究视角，卡登等（Cardon et al.，2008）通过构建创业激情感
染模型（见图 2.2），分析创业者激情对员工的影响，根据创业者的情绪表现
不同，从是否分享积极情绪和消极情绪两个方面，将创业者分为过度自信型
创业者、封闭型创业者、开放型创业者和可怕型创业者四类，这四种创业者
激情通过情绪模仿和社会比较两种途径将激情传递给员工。此外，具有创业
激情的创业者会具有较为明显的变革型领导风格，并通过社会比较过程增强
员工的积极情感和对创业组织的认同感。

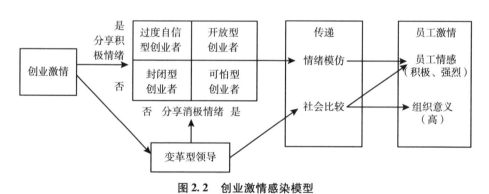

图 2.2　创业激情感染模型

资料来源：Cardon M S. Is Passion Contagious? The Transference of Entrepreneurial Passion to Employees
[J]. Human Resource Management Review，2008，18（2）：77 – 86。

卡登等（Cardon et al.，2009a）以自我认知视角构建创业激情经验模型
（见图 2.3），分析创业者激情与认知及创业行为之间的作用机制。研究中将
创业者身份分为创新者身份、创建者身份和发展者身份，认为创业者通过不
同的身份影响对创业目标的认知结果，产生与创业者身份相关的行为，最终
影响创业效能。

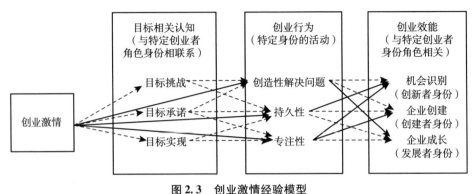

图 2.3　创业激情经验模型

资料来源：Cardon M S, Wincent J, Singh J, et al. The Nature and Experience of Entrepreneurial Passion [J]. Academy of Management Review, 2009, 34 (3)：511－532。

卡登等（Cardon et al.，2009b）从创业者三种身份出发，将创业激情分为创新激情、创建激情、发展激情三类，认为创业者不同的创业激情表现会影响风险投资者对资金利用潜质的评价。因此，其研究利用 60 名创业者和 53 名天使投资人为样本，首次定量研究检验了创业者的三种创业激情对风险投资决策的影响。

拉克索宁等（Laaksonen et al.，2011）认为三种身份角色存在不同，而创业者可能具有"多重身份"。该研究认为音乐行业的创业者对艺术追求具有较强的激情，因此以终点乐队为代表的"重金属"乐队为案例研究对象，分析创业激情对音乐行业发展的作用。研究发现，创业激情是对工作的热爱，创业激情与承诺、追求完美的动机等因素高度相关，可以促进行业的创新。

米特斯等（Mitteness et al.，2012）选取从 2006 年 8 月到 2010 年 7 月美国加利福尼亚的天使投资公司，对 241 家公司进行评估的 64 名风险投资人为研究对象。研究中从风险投资者的性别、社会感知、认知风格、外向性、开放性、调节倾向、情感动机等方面，探索天使投资人的个人特质对创业激情感知和资金潜力评价之间的关系的作用。研究结果表明年纪较大和具有直觉型、开放型人格特质的人更容易成为天使投资者，更能够感受到创业者的激情。

布吕斯特等（Breugst et al.，2012）以德国联邦协会的企业孵化器创新、技术和创业中心（ADT，2010）的 664 家创业企业为总样本，以其中 102 家创业企业的 124 名员工的问卷调查数据为依据，分析三种创业激情对员工积极情感、目标设立和情感承诺的作用。研究结果表明，创业者的创新激情和发展激情对员工提升积极情绪，明确目标有正向激励作用，并最终提高员工的情感承诺，而创建激情则对三者有负向作用。

莫尼克斯等（Murnieks et al.，2012）提出三种创业激情对创业行为持久性有影响。卡登等（Cardon et al.，2013）以美国东北部地区邓白氏公司数据库中的 129 名创业者为研究对象，分析创业自我效能、创业激情与创业持久性之间的关系。研究发现创业激情在创业自我效能与创业持久性之间存在中介作用，而发展激情在两者关系中的中介作用不显著。

方卓和张秀娥（2016）以六省大学生为研究对象，从创业激情的视角，结合情绪理论和认知理论构建了创业激情与创业意愿关系模型，研究发现创业激情能有效促进大学生创业意愿的形成，引导创业实践。

除以激情的二元模型和激情传递模型为基础的研究路径以外，还存在其他重要的研究方向。巴伦等（Baron et al.，2001）通过实证研究构建了创业企业成长的多维度模型，认为创业激情是创业企业成长主要的预测变量之一，且认为创业者的坚韧、积极主动性和工作激情对创业企业成长有积极影响，具有激情的创业者能够对企业成长表现出更强的动机和愿望。陈晓萍等（Chen et al.，2009）认为激情是个体创业过程中最容易出现的现象，分析创业者对风险投资的激情表现和详尽的商业计划书会积极影响风险投资者的决策。研究发现个体要将创业计划向潜在的投资者、顾客推销，创业激情往往是说服投资者投入资金、时间的关键要素。加尔布雷斯（Galbraith，2014）以美国国防技术部相关的 22 家企业为研究对象，分析创业激情在早期高新技术企业获得投资中的作用。研究发现创业者较高的创业激情、充分的前期准备能够有效地获得投资者的关注，更有机会向投资者展现公司的技术优势、管理能力和商业潜力。哈米德（Hamed，2014）验证了创业意愿在变革型领导与组织绩效之间的中介作用，变革型领导更可能激发员工的创业激情，提升组织有效性。

2.4 创业承诺

2.4.1 创业承诺的内涵

2.4.1.1 组织承诺的概念

承诺是源自哲学领域，是反映个体原则和价值观的概念（刘民权，2003）。经济学中，认为承诺是在博弈情况下影响个体行为的原则和社会准则（Sen，1977）。而随着承诺在组织领域中的应用逐渐受到关注，组织承诺成为组织行为学中的重要概念。大部分心理学家将承诺定义为一种稳定个人行为的力量（Kiesler，1971；Brieckman，1987），这种力量给予个体追求行动的动力，即使存在其他有吸引力的替代选择时也不会改变（Dube et al.，1997）。贝克（Becker，1960）首次对组织承诺进行界定，认为组织承诺体现的是员工与组织的关系，员工在长期的组织工作中会不断地投入时间和精力，由于持续的投入而使员工产生了一种被组织投入绑架的心理，因此，这种不情愿留在组织中的心理现象被称作组织承诺。而布坎南（Buchanan，1974）从情感角度对组织承诺进行分析，认为组织承诺更多地体现了员工对组织的情感依赖。还有研究认为组织承诺由顺从、认同和内化三要素组成，是个体在组织活动中形成的一种心理契约（O'Reilly & Chatlnan，1986）。国内关于组织承诺较早的研究是凌文辁等（2001）认为组织承诺是员工对组织工作及组织本身的一种忠诚，并愿意为组织的发展做出贡献的一种服务态度。关于组织承诺概念的研究见表 2.1。综上所述，组织承诺强调的是员工对组织产生的心理契约，是影响个体行为的情感因素。

表 2.1 组织承诺概念汇总

作者	概念
Kanter，1968	组织承诺是将个体依附于社会系统的一种形式，是愿意为社会系统建设付出努力的意向程度

作者	概念
Sheldon, 1971	组织承诺是个体融入组织的一种态度
Hrebiniak et al., 1973	组织承诺是个体未获得薪酬、职位、职业创造等不愿意离开组织的行为倾向
Mowday & Steers, 1979	组织承诺是个体对组织的认同感和愿意为组织投入努力的程度
Winer, 1982	组织承诺是员工对组织的一种责任和信仰
Near, 1989	组织承诺是由心理性模式、结构性模式、认知一致模式组成的
Meyer & Allen, 1991	组织承诺是员工在组织的协作过程中产生的一种心理依赖
刘小平、王重鸣, 2001	组织承诺是员工认同组织目标,并自愿的承担实现该目标的责任
刘小平、王重鸣, 2004	组织承诺进一步强调了员工的责任感,并从思想、情感、心理三个方面系统分析员工对组织行为的认同感
鲁汉玲, 2005	组织承诺体现了员工对自我身份的认同,并自愿的投身组织目标的实现过程
王颖、张生太, 2008	组织承诺是一种精神状态或心理状态,由感情承诺、继续承诺和规范承诺组成
许绍康、卢光莉, 2008	组织承诺是员工对组织目标的认同,并会为实现组织目标而奋斗
马飞等, 2010	组织承诺是员工在组织中持续投入,形成一种对组织的心理依赖
李敏、黄秦, 2014	组织承诺是个体对职业选择的认同,并会为采取相应的行动来获得收益

资料来源:笔者整理。

2.4.1.2 创业承诺的概念

随着组织承诺研究的深入,创业领域提出了创业承诺这一全新的概念,研究创业承诺在创业活动中的作用机理。创业承诺的研究已经引起众多学者关注,认为创业承诺与个体特质、创业行为有显著的关系(Erikson, 2002; Panayiotis, 2005; Roberts & Welsch, 2010),对创业者和新企业创建有重要影响。迈尔等(Meyer et al., 1990)认为创业承诺是个体在创业过程中,做出创业决策、处理问题和风险等过程中所处的心理状态。苏祖基和格兰杰(Suzuki & Granger, 1995)从环境动态性的角度,分析环境因素与个体创业承诺的关系,认为创业承诺是为实现自我目标而付出努力的程度。从外部推力和不适应性两个方面，把受创业承诺影响的创业者分为"难民、转化者、中庸者和传教士"四类，其中认为"传教士"是创业承诺最高的创业者，对创业拥有在自主性，愿意为实现职业生涯成功而进行创业。库普弗伯格（Kupferberg，1998）认为创业承诺具有公开和创新性，对新创企业的生存和发展有影响。乌尔里希（Ulrich，1998）认为创业承诺体现的是对创业成功的追求，把创业承诺定义为创业者发现机会与成功创业的决心。随后的研究开始关注创业承诺产生的原因及其结果。埃里克森（Erikson，1999）将创业承诺定义为个体在追求创业目标实现过程中，情感、智力、精力投入的倾向和强度。唐（Tang，2008）认为创业承诺是个体认同感，是投入精力、资源参与相关创业活动的程度，反映了创业承诺在新企业创建过程中的作用。罗伯茨等（Roberts et al.，2010）认为创业承诺是实现创业动机的基础，个体在创业承诺作用下不仅会关注创业初期的努力，而且会在企业创建和企业成长的过程中付出努力。法约勒等（Fayolle et al.，2011）将创业承诺定义为个体决定将时间、经历、资金、智慧、情感等资源用于创业的时刻，一旦对该过程产生承诺，个体便不考虑后悔的可能。同时，指出了创业承诺形成的两个条件：一是能够感知到创业行为会比现在的状况或其他潜在的选择要有利；二是克服变革的阻力，如规避不确定性、思维和行动的习惯、不可逆性的感知、机会成本等。

国内对创业承诺概念研究较晚，许小东和陶劲松（2010）认为创业承诺体现了情感、智力、精力的投入程度，是在创业的各阶段对实现创业目标的承诺程度。段锦云和钟建安（2011）认为创业承诺反映了创业者对创业活动的决心和目标依赖性。段清贤（2012）认为创业承诺体现了个体在创业过程中投入努力的程度，同时也是从心理上认同创业活动的价值。石冠峰和杨高峰（2015）认为创业承诺是创业者保持热情和努力的动力，体现了个体努力对实现创业目标的一种坚持态度。

综上所述，国内外学者从各自的角度对创业承诺的内涵进行解释，主要从行为和状态视角对创业承诺进行分析，行为视角认为创业承诺是个体投入时间、智力和金钱等资源开展创业的时刻，强调创业承诺是创业过程中的关键阶段的行为。而创业承诺的状态视角则注重情感因素的影响，认为创业承诺是个体对创业行为的情感投入和认同。具有创业激情的大学生，对创业活动表现出较强的信念，更容易受到创业目标的激励，也会使大学生对创业活动产生更强的承诺感。因此，针对大学生在创业中情感投入的特点，本研究主要基于创业承诺的状态视角，认为创业承诺是创业者为创建企业或实现创业目标，投入新创企业创建的情感程度，强调行为过程中情感的嵌入性。

2.4.2 创业承诺的测量

通过梳理创业承诺的相关研究发现，目前关于创业承诺的测量主要有客观和主观测量两种方法。

2.4.2.1 客观测量方法

研究发现高创业承诺的个体会有更愿意为创业投入资本、精力等，甚至会有不愿退出创业的表现。因此，部分学者从个体在创业活动中时间和精力的投入量来客观衡量创业承诺。范德文和哈德逊等（Van de Ven & Hudson et al.，1984）的研究认为创业承诺可以用创业者投入资金的数量进行衡量，投入的资金越多，说明创业承诺越强，创业成功的可能性也就越大。库普费特（Kupfetherg，1998）对 50 名丹麦的人文企业家进行访谈研究，分析影响创业承诺产生的因素，并认为创业是个体职业选择过程中的一种职业承诺，会进一步影响个体在企业中的行为。杨等（Yang et al.，2010）利用每周用于企业咨询、技术转让、衍生企业活动的时间来衡量高校教师的创业承诺，认为投入时间越多说明高校教师的创业承诺越高，越有可能创业。也有学者从创业退出视角对创业承诺进行测量，认为在同等绩效条件下，与低创业承诺的个体相比，高创业承诺的个体的创业退出率较低（Sørensen & Phillips，2011）。

2.4.2.2 主观测量方法

创业承诺的主观测量方法包括单维度测量和多维度测量两种。埃里克森（Erikson，2002）利用目标承诺这一维度来间接测量创业承诺。罗伯茨等（Roberts et al.，2010）从单一维度测量创业承诺对创业目标实现的影响，包括 9 个题项，如"创业是我生活中非常重要的活动""我无论如何都要创业成功""为了创业我可以付出任何的牺牲"等。随着对创业承诺研究的深入，开始从创业承诺的不同类型对创业承诺进行测量。赫斯科维奇（Herscovitch，2001）提出了由情感承诺、行为承诺和持续承诺三方面组成的创业承诺的三维度模型。其中，情感承诺是指创业者对创建新企业的渴望程度；行为承诺体现了个体愿意在创建新企业过程中投入精力的程度；持续承诺体现了创业行为的长期性，是个体对企业可持续发展的意愿强度。唐金同（Tang，2008）基于迈尔和赫斯科维奇（Meyer & Herseovitch，2002）的研究同样认为情感承诺、行为承诺、持续承诺是创业承诺的组成部分，并开发了创业承诺的量表，包括8个题项。该测量方式在分析创业承诺与创业激情、情感表现、目标实现、成就动机等研究中得以验证（Alias，2011；Breugst et al.，2012）。

国内关于创业承诺进行了本土化研究，陶劲松（2009）基于迈尔（Meyer，2001）和唐（Tang，2008）的创业承诺量表，以加工制造业、咨询服务业、高科技产业、商贸流通业四大行业中的新创企业为研究对象，分析创业承诺三维度与新创企业绩效之间的关系。段锦云（2012）采用戴维松（Davidsson，1998）编制了5个题项量表，从单一维度测量创业承诺，如"即使我想出一个好的商业计划，我也不敢开办一个自己的企业来实现它"等，量表的内部一致性系数为0.82。段清贤（2012）基于迈尔（Meyer，2001）和唐（Tang，2008）的创业承诺量表，从情感承诺、行为承诺及持续承诺12个题项测量创业承诺，量表的信度为0.783，且IFI、CFI、NFI指标均大于0.9，模型的拟合度较好。

综上，从国内外学者对创业承诺的测量来看，虽然客观测量能将复杂现象简单化，但是没有全面涵盖创业承诺的不同类型。因此，学者研究中普遍采用主观测量的方式，从情感承诺、行为承诺、持续承诺三种类型进行测量。基于此，本研究同样采用这种分类的方法测量创业承诺。

2.4.3　创业承诺前因变量和结果变量研究

创业研究视角逐步拓展，创业承诺成为学术研究中的热门话题。创业承诺对机会识别与运用、新创企业成长、创业绩效等有重要影响，同时也受到外部环境、个体特点、个体情绪等因素的影响。因此本研究从前因变量和结果变量两个方面分析创业承诺的研究现状。

2.4.3.1 创业承诺的前因变量

1. 外部环境对创业承诺的影响

个体创业承诺的形成会受到各种环境因素的影响。帕拉休拉曼等（Parasuraman et al.，1996）关注工作背景对创业承诺的影响，研究发现创业者的角色压力与工作相关，工作弹性和负荷的程度会影响创业者在创业承诺中投入的多少。彼得拉基（Petrakis，2010）认为经济和制度因素是影响创业承诺形成的主要外部环境。其中，经济环境包括资源获取途径、投资回报时间、收入增长状况等；制度环境包括官僚化程度、劳动力市场状况等。龚志周（2005）分析了电子商务行业创业压力对创业者持续投入创业承诺的影响，认为外部行业压力可以激励创业者内在的承诺，持续开展创业活动。张振华（2009）以创业团队为研究对象，分析创业团队胜任力与创业绩效的关系，研究发现创业团队的胜任力压力与创业承诺存在相关关系，其中技术动态性、市场动态性等是影响两者关系的调节变量。陶劲松（2010）以中国 139 家新创企业为研究对象，研究发现创业压力与持续承诺、行为承诺有正向关系，而与情感承诺的关系不显著。

2. 个体因素对创业承诺的影响

埃里克森（Erikson，1999）以英国 65 名 MBA 学生为研究对象，分析个体因素与创业承诺的关系，研究发现个体的创业能力感知、资源的可获取性等影响创业承诺。彼得拉基（Petrakis，2006）以希腊的 120 家新创企业为研究对象，分析风险感知、风险倾向与创业承诺的关系，研究发现个体对风险控制的程度越高，其创业承诺就越高。唐金同（Tang，2008）应用创业动态跟踪研究（PSED）的方法对美国创业者进行研究，研究发现个体在机会识别过程中表现出的创业警觉性，可以有效区分个体的创业承诺，并认为创业警觉性能够识别更具潜力的机会，增强个体的创业承诺。穆罕默德和阿兹米（Muhammad & Azemi，2011）分析马来西亚的农贸行业从业者的创业承诺，研究发现创业者的成就动机、客户关系能力与机会获取能力越强，其创业承诺也就越强。因德拉瓦蒂等（Indrawati et al.，2015）的研究结果与唐金同（Tang，2008）的研究不一致，其研究发现创业警觉性与创业承诺有负向的相关关系，研究结果的不同可能来自创业者个体因素的差异（如年龄、受教育程度、能力）、企业年龄、社会经济、文化和宏观经济条件等。

国内部分学者也从个体因素视角分析对创业承诺的影响。牛芳和张玉利等（2012）从中国创业者视角进行调查分析，发现个体在创业中投入的时间、精力、智力等越多，越可能坚持不懈的从事创业活动。段锦云（2012）以创业事件模型为理论基础，以制造类企业和服务类企业中的 227 名一线员工为研究样本，探讨了影响创业意愿的因素，研究发现性别、年龄、受教育程度和创业经验均会影响个体创业承诺，且创业承诺在希求性感知、可行性感知与创业意愿的关系中起完全中介效应。段清贤（2012）利用创业较为活跃的深圳、广州两地的 166 名高层管理者的问卷调查数据，分析了个体特质、创业承诺和创业自立行为三者分关系，研究发现个体特质会显著影响创业承诺，进而影响个体的创业自立行为。

3. 创业激情对创业承诺的影响

情感激励模型认为积极情感会通过认知过程直接影响相关员工的态度（Thoresen et al.，2003）。创业激情能够在关注现有工作需求的前提下，以积极主动的方式参与未来的挑战（Fredrickson & Branigan，2005）。图布雷和柯林斯（Tubre & Collins，2010）认为清晰的创业目标是提升员工满意度和工作绩效的动力，能够提升员工的工作承诺。卡登（Cardon，2008）提出了创业激情对新创企业员工的影响，探索了员工创业激情感知对工作、目标清晰性、情感承诺的作用过程。有着创新激情的创业者可以将激情传递给员工，员工可以感知到创新激情在创业成功中的重要性，也更可能分享他们工作的兴趣和收入的安全，积极参与创业活动（Monsen，Patzelt & Saxton，2010）。布吕斯特等（Breugst et al.，2012）根据情感传递性和目标设置，分析创业激情感知对创业承诺的影响，研究发现员工感知到管理者的创新激情、创建激情和发展激情对承诺的影响不同。其中，创新激情和发展激情能够提升员工的承诺，而创建激情却降低员工承诺；员工的创业激情可以通过积极的情感经历和明确的目标设定间接的影响创业承诺。

总之，由创业承诺前因变量现状可知，外部环境、个体因素对创业承诺的影响已获得国内外学者的关注，而从创业激情视角分析创业承诺的影响主要集中在国外的相关研究中，国内关于创业激情与创业承诺的关系研究相对较少。因此，本研究通过实证研究分析中国情景下，分析大学生创业激情对创业承诺的影响可以进一步拓展相关研究。

2.4.3.2 创业承诺的结果变量

国外关于创业承诺结果变量的研究主要包括两方面。第一，创业承诺对机会识别的影响。创业承诺是创业者对于自身创业行为的认可和努力程度，以及自身需求市场机会的能力的自信心。个体创业能力感知的增强可以提升创业承诺，感知能力的增加能够提升机会识别的能力，当个体感知到作为创业者的能力时，会更加敏锐的识别、利用机会（Krueger & Dickson，1994）。罗伯茨和韦尔希（Roberts & Welsch，2008）发现创业承诺强度与机会成本和动机强度有关，能促使创业者实现创业成功。第二，创业承诺对新创企业成长影响。有学者认为创业承诺已成为新创企业取得创业成功必不可少的驱动力。库普弗伯格（Kupferberg，1998）采用传记访谈方式对丹麦企业进行研究，发现只有高创业承诺和创业能力的创业者才能长期持续的参与创业活动，且能有效预测新创企业成长。埃里克森（Erikson，1999）验证了创业承诺与新创企业绩效的关系，并指出创业承诺包含对行为的承诺，强调对个体行为的作用。

国内学者主要关注创业承诺对企业绩效提升的影响。陶劲松（2009）以加工制造业、咨询服务业、高科技产业、商贸流通业四大行业中成立不超过 3.5 年的新创企业为研究对象，分析创业承诺与新创企业绩效的关系。结果发现创业承诺对创新企业绩效有显著的正向影响，且在创业压力与创新企业绩效关系中存在中介效应。许小东和陶劲松（2010）通过访谈和实证研究相结合的方法，对 139 家新创企业进行问卷调查，研究发现创业承诺能够明显影响新创企业的绩效。石冠峰和杨高峰（2015）构建了创业承诺与新创企业绩效关系的理论模型，认为创业承诺可以促进企业员工的创新行为，也可以促进新产品或新服务的开发，从而为新创企业绩效的提升提供支持。同时，验证了创业承诺在创业动机与新创企业绩效之间存在中介效应。崔海云和施建军（2013）以北京、天津、河北等地的农业龙头企业为研究对象，通过结构方程模型和层次回归法分析创新、承诺与企业绩效之间的关系，结果发现，情感承诺在企业协同创新与企业绩效之间存在正向调节效应。

2.5 创业意愿

2.5.1 创业意愿的内涵

意愿是个体自愿参与某项活动的前提和动机，是对个体行为目标的认知状态（Bratman，1987；Conner & Armitage，1998）。心理学认为意愿是预测行为的最有效指标（Bagozzi & Yi，1990），创业领域相关研究也认为创业意愿有助于解释个体创业行为的发生，是分析创业活动产生原因的关键解释变量之一（Shane & Venkataraman，2000；Schjoedt & Shaver，2012）。

创业意愿由心理学领域发展而来，国外关于创业意愿内涵的分析较为丰富。博德（Bird，1988）将创业意愿定义为激发个体将创业想法转变成创业实践的一种心理状态，并会为了实现创业目标而投入注意力和精力。加特纳（Gartner，1989）认为创业意愿是由个体敢于冒险、成功欲望、内控性等特质决定的一种行为愿望和信念。阿杰恩（Ajzen，1991）指出创业意愿体现了个体对创业的态度和期望，是个体选择创业的内在动机。克鲁格（Krueger，1993）研究认为创业意愿体现了个体真正从事创业活动的开始。在此基础上，康纳和阿米蒂奇（Conner & Armitage，1998）再次强调了创业意愿的本质是一种动机要素，体现了潜在创业者有意识参与创业活动的愿望。克鲁格和卡斯鲁德（Krueger & Carsrud，2000）从个体特质出发进一步对创业意愿进行界定，认为创业意愿是个体对从事创业活动所具备能力的评价。西格尔和潘等（Siegel & Phan et al.，2005）指出创业意愿是个体选择自主创业的可能性。戈尔维策等（Gollwitzer et al.，2006）认为创业意愿是创业者在目标和实施阶段的不同认知状态，表现为目标意愿和实施意愿两种。苏伊塔里和泽比那提等（Souitaris & Zerbinati et al.，2007）认为创业意愿是一种自我雇佣倾向，是将个体的注意力和行为转向非组织雇佣的心理状态。道格拉斯和菲茨西蒙（Douglas & Fitzsimmon，2008）将创业意愿定义为个人对自主创业所带来结果及对自身能力的评价。汤普森（Thompson，2009）认为创业意愿是个体创业的信念，是有计划创建新企业的时间点。

国内研究将创业意愿在国外研究基础上进行了延伸，认为创业者只有具备了创业意愿才能够开展创业活动，是创业决策制定的准备环节，可有效预测创业行为。范巍和王重鸣（2006）将创业意愿定义为个体通过对自身能力的评价，所产生的一种是否从事创业活动的主观态度。钱永红（2007）则认为创业意愿是潜在创业者对所具有的创业者特质、态度和能力的一般描述。简丹丹等（2010）在总结先前研究基础上，将创业意愿定义为个体对参与创业活动的主观心理准备和准备程度。齐昕和刘家树（2011）认为创业意愿是个体将创业作为未来职业选择的一种主观态度和期望的程度。汪娇（2012）根据戈尔维策和布兰德斯塔特（Gollwitzer & Brandstatter，1997）的研究，将创业意愿定义为个体为实现创业目标的愿望所制定的具体行动计划。王露燕（2013）在范巍和王重鸣（2006）的研究基础上，再次强调了个体对创业活动的主观态度是创业意愿的主要表现。解蕴慧（2013）认为创业意愿是个体对参与创业活动的主观态度，反映了个体对创业规划的偏好。边文霞（2013）认为创业意愿是指个体对是否参与创业活动的一种主观想法，而且这是创业者在采取创业行为前的思想准备。徐建伟（2014）认为创业意愿是个体在职业选择中对创业的愿望和偏好，是对未来的一种预期。姚晓莲（2014）综合国内外学者对创业意愿的观点，认为创业意愿是个体对创业目标的追求程度，是对目标的明确性感知。杨田（2015）将创业意愿定义为个体在未来开展创业活动的可能性。

综上所述，国外关于创业意愿内涵的研究主要强调创业意愿是计划和行为实施的倾向性，是创业活动开展的重要前提。而国内学者在认可创业意愿对创业决策的促进作用基础上，提出了创业意愿是主观态度特性，认为创业意愿是制定创业决策的重要心理准备阶段。大学生创业意愿是一种复杂的思维过程，很大程度上取决于大学生对创业的态度。因此，综合国内外研究，本研究认为创业意愿是个体参与创业活动的关键行为倾向性要素，是决定利用自身资源投身创业活动的主观态度和想法，是创业活动开展的重要预测指标之一。

2.5.2　创业意愿的测量

创业意愿不仅是个体对创业活动的态度，而且是对创业活动的期望，是创业的主要内在动力。因此，创业意愿是衡量个体对参与创业活动努力程度的重要客观指标。本研究主要从国外和国内两个方面，梳理和分析关于创业意愿的测量方法。关于创业意愿的测量方面的研究最早来自国外的相关研究，但仍缺乏较为统一的测量方法。

2.5.2.1 单维度测量方法

在单维度测量方面，陈等（Chen et al.，1998）采用 5 个题项的单一维度测量创业意愿，量表的信度为 0.92，信度良好。赵和塞伯特（Zhao & Seibert，2005）采用单维度，针对"未来的 5 到 10 年内创业的感兴趣程度""对进入一个新兴领域，并在该领域创建一家具有发展潜力的公司的感兴趣程度""对通过收购方式使公司获得发展优势的感兴趣程度量"等问题，从两个不同时间点测量创业意愿，信度系数分别为 0.85 和 0.88。利南和陈（Linan & Chen，2009）在此基础上，开发了跨文化背景下创业意愿的 6 个题项量表，在测量个体层面创业认知对创业意愿方的影响，内部一致性系数为 0.953。汤普森（Thompson，2009）根据陈等（Chen et al.，1998）的研究开发了 6 个题项的创业意愿量表，采用李克特六点量表对"在将来打算开公司""为创业而存钱""会花时间学习创业知识""没有计划开公司""从不寻找创业机会""从不阅读关于如何开公司的书籍"等问题进行评分，该量表被证明具有较好的信度和效度。康纳和阿米蒂奇（Conner & Armitage，1998）运用单变量测量创业意愿，根据对"你是否想要创业""如果您能够选择，你是选择被雇用还是自我创业""请估计您自我创业的概率"等问题的回答来衡量个体的创业意愿。威尔逊等（Wilson et al.，2007）同样采用单一维度来测量创业意愿，采用李克特五点量表对"对自己的公司有多感兴趣"这一问题的回答来评价创业意愿。李等（Lee et al.，2011）采用两题项的单维度研究创业意愿的影响因素，两条目分别为"我一直想创业""如果有机会，我会开创建自己的企业"，该量表被证明具有可以接受的信度。达沃（Dawn，2011）在伦普金（Lumpkin，1996）研究基础上，将公司创业意愿维度生成对个体创业意愿的测量，例如，"我的公司"改为了"我"，"商业机会"改为了"机会"，但该量表对个体创业意愿测量的有效性还有待深入验证。

国内单维度测量创业意愿的研究主要有：莫寰（2009）在分析中国背景

下创业意愿路径的研究中，采用单一维度测量大学生的创业意愿，量表信度为 0.606，根据"看到很多人创业，我也很想创业""如果拥有选择权，我会更倾向于创业""估计在五年内会创业"三个问题的回答来测量创业意愿的强度。李海翔等（2012）利用利南和陈（Linan & Chen，2009）的研究，将该量表应用于大学生样本的测量，分析大学生创业心理资本与创业意向的关系，全方位地理解个体创业行为背后的心理状态，其测量结果信度和效度表现良好。赵向阳等（2014）开发了针对大学生的量表，采用李克特五点量表对"毕业后立即创业的可能性有多大""毕业后五年内创业可能性有多大""毕业后五年到十年创业的可能性有多大"3 个问题进行测量。解蕴慧（2013）在分析我国学生样本特点基础上，根据康纳和阿米蒂奇（Conner & Armitage，1998）对创业意愿的测量，开发了 4 个题项单维度的量表，采用李克特五点量表回答如"创业是我人生计划之一"等问题，研究表明该量表的信度为 0.95，内部一致性良好。胡晓龙和徐步文（2015）分析创业素质、创业文化、创业意愿的相互关系，根据研究的特点删除汤普森（Thompson，2009）的原量表中的干扰题项，最后形成 6 条目的测量题项。邴浩等（2015）从单一维度测量创业意愿，根据"您是否有今后创建新企业的打算"问题的答案判断被试者是否具有创业意愿。蔡颖和李永杰（2015）利用大学生对"您对创业的渴望程度"的回答从 1～4 进行打分，数值越高说明创业意愿越强烈。孟新和胡汉辉（2015）参考李海垒（2015）和克鲁格（Krueger，2000）对创业意愿的研究，从"我想成为一名创业者""当拥有资本后我一定会去创业"等 4 个题项的单维度进行衡量个体创业意愿。

2.5.2.2 多维度测量方法

国外针对创业意愿的研究中较多采用多维度方法，从多个层面分析个体的创业意愿，具体研究见表 2.2。

表 2.2   **国外关于创业意愿维度划分**

作者	维度
Shapero & Sokol，1982	感知期望、感知可行性、行为倾向
Katz & Gartner，1986	理性意愿、直觉意愿

续表

作者	维度
Murry & MacMillan, 1988	成就动机、控制信念、风险承担性、机会识别能力、解决问题的方法、价值观等
Bird, 1988	理性、直觉
Haynes & Robinson, 1991	成就需求、个体控制、创新性、自我尊重
Lumpkin, 1996	自主、革新、风险、积极、竞争进取
Christian, 2003	风险承担性、内控点、外部感知、创业态度等
Baughn et al. , 2006	创业自我效能、支持要素等
Macro van Gelderen et al. , 2006	兴趣、考虑、自由职业偏好、受限制时的职业偏好、行为期望
Levenburg & Schwarz, 2008	创新性、自我尊重、风险倾向、创新性、控制焦点
Rauch et al. , 2009	自主性、竞争性、创新性、先动性、风险倾向性
Westlund & Bolton, 2011	创新性、先动性、自主性
Dawn, 2011	风险倾向、创新性、先动性
Kenneth, 2013	创业态度、社会支持感知、自我效能感

资料来源：笔者整理。

国内创业意愿的多维度测量主要是范魏和王重鸣（2006）针对中国大学生开发了创业意愿的量表，包括创业希求性和创业可行性两个维度，利用李克特量表进行测量，量表具有良好的信度。贺丹（2006）从创业可能和创业准备两个方面衡量了其对大学生创业意愿的影响作用。李永强等（2008）在利用 TPB 模型分析了大学生创业意愿的影响因素，借鉴盖德伦（Gelderen，2006）从兴趣、考虑、自由职业偏好、受限制时的职业偏好和行为期望五个维度测量创业意愿。毛雨（2008）在分析创业意愿的影响因素研究中，同样借鉴了李永强等（2008）的研究，采用康纳和阿米蒂奇（Conner & Armitage，2003）的研究测量创业意愿，从以往兴趣、计划、偏好、受限制时的职业偏好、行为期望等方面开发了测量大学生的创业意愿量表，避免了学生主观判断的随意性，使研究结论更加具有说服力。汤明（2009）从强度、方向、持续性三个角度来测量创业意愿，分析了未来选择创建企业的可能性程度、创业的领域、企业选址及持续经营的可能性，以及对待创业风险和困难的态度和对创业成功的渴望。李海垒等（2011）认为创业意愿可从目标和执行两个方面进行衡量，并针对大学生群体编制了量表。齐昕和刘家树（2011）借鉴李永强（2008）和郭宏（2009）的研究，采用多维度测量方法衡量大学生的创业意愿，从责任承担和无责任承担两个维度 4 个题项来评价个体的创业意愿。陈文娟等（2012）摒弃了有局限性的单变量的测量法，采用依据盖德伦（Gelderen，2006）的多变量测量方法，从兴趣、自由职业偏好、行为期望等三个方面 21 个条目综合测量创业意愿。刘万利（2012）根据博德（Bird，1988）和汤普森（Thompson，2009）的观点，认为创业意愿具有理性和直觉的特点，借鉴戴维森（Davidsson，2006）和汤普森（Thompson，2009）的量表，采用李克特七级量表，从是否经常考虑创业、创业想法产生、最近创业的可能性等三个方面进行测量。姚晓莲（2014）主要借鉴李海垒等（2011）的研究，从目标意愿视角通过 6 个题项来测量创业意愿。张玲（2014）主要借鉴格雷罗等（Guerrero et al.，2008）的研究，从近期创业意愿和远期创业意愿两个方面开发了创业意愿的量表，并通过对远程教育学生的预调研对问卷进行修正，最终形成了两个维度 6 个题项的量表，研究中利用该量表分析创业学习对创业意愿的作用机制。王杰民（2015）根据伦普金（Lumpkin，1996）、劳赫（Rauch，2009）及达沃（Dawn，2011）对个体创业意愿的解释，从风险性、创新性、先动性三个维度设计创业意愿的问卷，通过预调研对各问项进行反复修正和调整，最终形成了 9 个题项的针对大学生群体的测量量表。

综上，通过汇总国内关于创业意愿的测量方法发现，个体创业意愿的测量不仅仅是一个简单是否创业的问题，而是个体创业倾向的程度问题。针对自身创业意愿的单一主观判断忽视了个体行为对创业意愿的反应，而且测度结果容易受个体主观想法的影响，对个体实际意愿的理解不够准确。因此，多题项的测量方式能更全面的评价潜在创业者的创业意愿，本研究将采用李克特量表从多维度衡量创业意愿。

2.5.3 创业意愿经典模型及相关因素的研究现状

2.5.3.1 创业意愿研究的经典模型

1. 理性行为理论模型

理性行动理论是由美国学者菲什拜因和阿杰恩（Fishbein & Ajzen，

1975）基于人的理性特点提出的。该理论认为个体的行为意愿是受行为态度和主观规范的影响，而个体意愿会在某种程度上解释个体的行为，具体见图2.4。其中，态度是个体对所从事行为的情感表现，主观规范是个体对其有重要影响人的希望的感知程度，两因素相结合便促使行为意愿的产生。该模型认为任何因素只能通过态度和主观规范来间接影响个体行为，人是具有完全理性的。然而在实际的环境中，个体的行为容易受到周围人及外部环境的制约，因此，其适应性还有待进一步的验证。

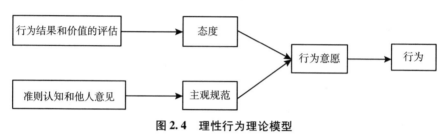

图2.4   理性行为理论模型

资料来源：Fishbein M A，Icek Ajzen. Belief，Attitude，Intention，Behavior：An Introduction to Theory and Research ［J］. Cahiers Détudes Africaines，1975，41（4）：842 – 844。

2. 创业事件模型

创业事件模型是沙佩罗（Shapero，1982）在分析创业者经验对认知影响的前提下提出的，具体见图2.5。认为个体的希求性感知、可行性感知、行为倾向是影响创业意愿的因素。希求性感知是指个体对创业活动有利性的认可程度，体现了个体在情感上青睐于创建企业；可行性感知体现了个体的创业自我效能，是对自我能力的衡量；行为倾向反映了个体对行为决策的偏好。该模型强调个体对创业行为可控性及自身能力评价的重要性，当创业者发现创业机会时，会积极地衡量自身能力，并在行为偏好、决策风格的影响下决定是否参与创业活动。然而，创业事件模型着重关注了创业者自身特点对行为的影响，而忽视的外部环境因素对个体行为的影响，因此还需要综合分析内外部因素对创业活动的作用。

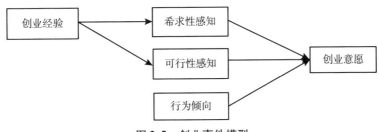

图 2.5 创业事件模型

资料来源：Shapero A，Sokol L. The Social Dimensions of Entrepreneurship ［J］. Social Science Electronic Publishing，1982，25（8）：72 – 90。

3. 创业实施模型

创业实施模型由博德（Bird，1988）提出，认为创业意愿是个体对创业行为的一种心理状态。根据模型分析，认为创业意愿是在个体理性感知与社会环境的共同作用下实现的，在形成过程中充分考虑社会、政治、经济等外部因素，及个人特质和能力两方面因素作用下表现出的创业倾向，具体见图2.6。该模型认为创业意愿的形成要以创业想法的实施和创业目标的实现为导向，同时考虑外部环境因素的影响，因此是较为全面揭示创业意愿形成的概念模型。

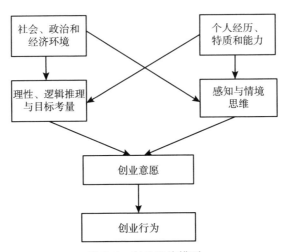

图 2.6 创业实施模型

资料来源：Bird B. Implementing Entrepreneurial Ideas：The Case for Intention ［J］. Academy of Management Review，1988，13（3）：442 – 453。

4. 计划行为模型

计划行为理论是阿杰恩（Ajzen，1991）对理性行为理论进一步的拓展研究，在原有模型中增加了感知行为控制。该模型的核心是创业意愿，认为行为态度、主观规范和感知行为控制是影响个体创业意愿形成的三个因素，同时感知行为控制还会直接作用于创业行为，具体见图2.7。其中，行为态度是由行为信念影响的，是对行为的评价；主观规范是由规范信念决定的，是周围相关者对个体创业行为产生的影响；感知行为控制是个体感知到某一行为的难易程度，是对自身能力及经验的评价。该模型在创业意愿的研究中被广泛应用，是从心理静态视角分析个体创业意愿形成的重要理论依据。

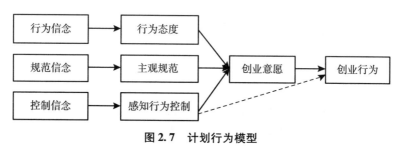

图 2.7　计划行为模型

资料来源：Ajzen I. The Theory of Planned Behavior ［J］. Organizational Behavior and Human Decision Processes，1991（50）：179－211。

5. 创业潜力模型

创业潜力模型是克鲁格和布拉泽尔（Krueger & Brazeal，1994）提出的一个较为综合的模型。认为希求性感知和行为控制直觉会通过信念间接地影响创业意愿，而行为倾向在信念和潜力之间起调节的作用，外部环境的突发因素同样会影响创业潜力向创业意愿的转化，具体见图2.8。该模型对创业事件模型和计划行为模型的要素进行整合研究，考虑个体静态因素的作用，同时分析外部环境因素对行为意愿产生的影响，是进行综合分析的有利依据。

6. 创业意愿的情景模型

创业意愿的情景模型是埃尔温（Elfving，2008）提出的（见图2.9），该模型认为创业意愿形成应包括三个情境。第一，可行性感知、希求性感知和个体目标是影响创业意愿产生的重要因素，同时创业自我效能感可以通过个体目标来影响创业意愿。第二，个体创业意愿形成以后会产生明确的创业目标，并会通过创业目标的激励来积极参与创业活动。第三，触发事件对创业意愿的影响。个体在外部因素的触发下，会产生创业的动机，进而影响个体目标的制定，最后作用于创业意愿的形成。该模型从创业意愿的内部、外部影响因素和结果综合分析创业意愿产生的过程，充分考虑了各因素之间的交互作用，是对创业意愿形成及作用的综合分析模型。

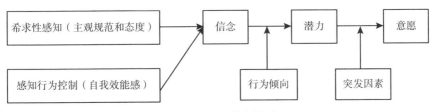

图 2.8　创业潜力模型

资料来源：Krueger N F, Brazeal D V. Entrepreneurial Potential and Potential Entrepreneurs [J]. Social Science Electronic Publishing, 1994, 18: 91 – 104。

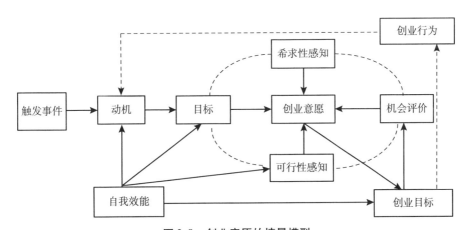

图 2.9　创业意愿的情景模型

资料来源：Elfving J. Contextualizing Entrepreneurial Intentions: A Multiple Case Study on Entrepreneurial Cognition and Perception [M]. Åbo Akademi University, 2008。

7. 创业意愿影响因素模型

国内关于创业意愿研究的模型中，较权威的是范巍和王重鸣（2005）的创业意愿影响因素模型，该模型借鉴克鲁格（Krueger, 1994）关于创业者潜能要素的研究，认为创业意愿的影响因素主要包括个体特征、背景因素及环境因素三个方面。该模型在个体特质基础上，增加学历、专业、个人经历等背景因素和经济回报、创业环境等环境因素，综合分析各因素对创业意愿的影响作用，具体见图 2.10。

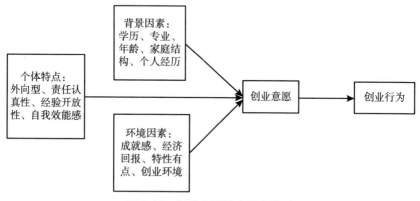

图 2.10　创业意愿影响因素模型

资料来源：范巍，王重鸣．个体创业倾向与个性特征及背景因素的关系研究［J］．人类工效学，2005，11（1）：33－35。

综合分析国内外具有代表性的创业意愿模型可知，创业意愿研究的理论支撑的关键是计划行为模型，此后的研究逐渐从分析个体因素拓展到个体与外部环境因素共同作用的视角，更加全面的分析创业意愿形成的过程。此外，较多学者开始分析创业意愿的预测作用，能够影响后续的企业创建过程，这也为本研究模型中创业意愿作用机制提供了理论依据。

2.5.3.2　影响创业意愿的前因变量

国内外现有关于创业意愿影响因素的研究，主要从个体特质、情感因素、认知要素和外部环境四个方面进行分析（Gartner，1985；Ajzen，1991；Krueger，2000）。因此，本书从以下四方面分析影响创业意愿前因变量的相关研究。

1. 基于个体特质视角的创业意愿研究

关于个人特质与创业意愿的关系的研究最初认为个体天生所具备的素质能够明显的体现创业意愿的强度，由此，针对创业意愿个体层面的研究逐渐受到关注（Crant，1996；Holland，1997）。布拉格和克莱默（Praag & Cramer，2001）以 5800 名丹麦学生为研究对象，根据 41 年的跟踪调查分析发现，个体的风险偏好型、风险中型、风险厌恶型对创业意愿的影响存在显著差异。劳赫（Rauch，2007）认为个体特质是个体具备的一种综合性的素质，包括外向性、责任心、开放性、宜人性、神经质等五大特质，这些因素能够尽可能全面的影响个体投身创业活动的意愿强度。居雷尔和莱文特（Gurel & Levent，2009）以美国和土耳其的 409 名旅游专业的大学生为研究对象，分析了创业者特质对创业意愿的影响，结果发现创新性、风险承担倾向与创业意愿有显著的正相关关系。梅斯和勒罗伊等（Maes & Leroy et al.，2014）提出性别对创业意愿的影响，发现性别可以通过感知行为控制间接对创业意愿产生影响。

国内关于个体特质与创业意愿关系的研究中，张玉利和杨俊（2003）分析了个体冒险性、能力经验、创业动机及对创业意愿的作用，认为创业经验越强，其冒险精神也就越高，就越有可能从事创业活动。范巍和王重鸣（2004）认为学历、专业、年龄等个体背景因素与创业意愿的产生相关；外向性、责任感、自我效能等个体特征因素与创业意愿相关。贺丹（2006）以浙江大学在校学生为研究对象，发现创业竞赛经验可以促进创业意愿提升，而实习经历对创业意愿有抑制作用。钱永红（2007）以华东和华南地区 12 个行业的人员为样本，研究发现成就动机、风险承担、自主性、创业回馈、资源获得均与个人创业意愿存在显著正向关系。李永强（2008）分析了个体的冒险精神、内部控制、风险承担三个方面对创业意愿形成的影响。陈美君（2009）以大学生为研究对象，研究发现个体特质中的主动性人格是影响创业意愿的重要因素，即对外部事物和机会能够主动接触、接受的个体更愿意通过创业实践来展现自我价值。

随着研究的深入，创业教育及创业学习对创业意愿的影响也得到了越来越多学者的关注。麦克米伦（MacMillan，1987）认为在竞争过程中创业教育是赢得竞争优势的关键，创业教育能够显著的提升个体的创业能力和创业素质，提高创业自信心。在此基础上，通过组建创业团队获得创业过程中的人才优势，能够敏锐的识别、利用机会，为新创企业创造绩效。随后一些学者也证明了创业培训和教育对创业意愿的影响（Zhao & Hills，2005；Wilson & Marlino，2007）。马丁（Martin，2013）通过研究也发现了创业教育、学习与创业意愿之间存在正相关。国内关于创业教育与创业意愿关系的研究相对较晚，叶映华（2009）从创业课程视角出发，分析针对大学生开展的相关创业基础性课程对创业意愿提升的作用，认为大学生通过学习企业经营知识、市场环境分析知识等能够显著提升创业意愿和自信心。王杰民（2015）以340名大三、大四即将毕业的高职、大专和本科生为研究对象，分析创业学习对创业意愿形成的路径影响，研究发现具有较强学习能力的大学生在未来职业选择中创业的可能性更大。

2. 基于情感因素的创业意愿研究

情感因素会影响个体认知和行为，特别是在创业活动中情感因素对创业者认知和过程的影响更为明显，如机会识别、资源获取（Baron，2008）。个体的积极情感是对所开展活动的强烈兴趣，创业者的情感越积极，也就越有信心应对不确定性和挑战，也说明其参与创业活动的意愿或倾向越强。从组织层面看，情感感染理论认为创业者的积极情感可以传递给员工，提升员工的组织承诺和对目标实现的追求（Nicola Breugst，2012）。创业激情是对挑战性活动的热爱（Baum & Locke，2004），是创业者坚持不懈、积极主动参与创业活动的动机（Baum & Smith，2001）。激情是源于灵魂、精神和内心的无限能量，创业者需要面对风险和挑战的勇气，而创业激情便是这种勇气的来源（Cardon et al.，2009）。创业激情是创业动机和意愿产生的核心要素，是解释创业意愿产生的关键（Baron，2008；方卓和张秀娥，2016）。创业激情体现了对实现创业目标更高层次的承诺，较高的自我价值追求会激发个体的创业热情，进而提升个体参与创业的意愿。陈晓萍（Chen，2009）将创业激情定义为一种创业者强烈的情感表现，并伴随认知和想法的产生，潜在创业者将积极的创业想法转变为行为意愿，参与创业实践。同时，瓦勒兰（Vallerand，2010）也认为激情是一种动机因素，可以解释个体参与活动的意愿，创业意愿强度在创业初期直接影响未来创业的结果（Bird，1988），因此，创业激情是个体是否愿意将机会转化为行动的决定性因素之一（Brannback et al.，2006）。

3. 基于认知视角的创业意愿研究

较多学者从社会认知视角入手研究创业意愿的形成（Hayward et al.，2006；Townsend et al.，2008；Hmieleski & Baron，2009）。阿杰恩（Ajzen，1991）提出需要、价值观、信念等认知要素影响创业意愿，拥有这些认知要素的个人确信自己有创建一个新企业的意向，并会有计划地开展创业活动

（Thompson，2009），相关关系已得到了实证研究的支持（Krueger，2000；Linan & Chen，2009）。创业事件模型（Shapero，1982）、计划行为理论（Ajzen，1991）、创业情境模型（Elfving，2008）都分析了个体的可行性感知、希求性感知、感知行为控制等认知因素对创业意愿的影响，是从认知视角研究创业意愿的重要理论支持。克鲁格等（Krueger et al.，2008）认为对创业机会的识别和评价取决于个体对理性分析的认知，在分析创业意愿时必须要考虑认知因素。在实证分析的基础上，实证数据也检验了创业态度和行为控制知觉对创业意愿的显著影响作用（Linan & Chen，2009）。此外，卡梅尔和洛瓦罗（Camerer & Lovallo，1996）研究发现个体的创业决策会受到理性认知的影响，产生认知偏差的原因是低估竞争者的数量和过度自信等知觉偏差，其中过分自信会影响个体对创业态度和可行性的评估，从而引诱他们有意愿去开创新企业，这是一个认知因素的负面作用研究。

国内关于认知要素与创业意愿关系研究，主要是在计划行为理论基础上展开的。李永强等（2008）在计划行为理论模型基础上，以中国大学生为样本分析了创业意愿的形成机理，研究发现主观规范更能够影响创业意愿，即周围相关者的意见能够明显作用于中国大学生的创业意愿，这表明个体创业意愿的产生与中国的文化背景密切相关。刘万利（2012）以9个城市的86家高科技企业为样本，从认知角度分析了创业意愿的形成，研究发现创业者对自我价值的评价和对风险的感知能力与创业意愿显著相关。李敏和董正英（2014）通过303份有效样本的实证检验认知因素与创业意愿的关系，发现创业感知风险、认知偏差、规则聚焦与创业意愿之间存在相关关系，其中风险感知负向影响个体创业意愿，且感知风险在认知偏差与创业意愿之间起中介效应。张秀娥和方卓（2015）以大学生为研究对象，发现能力认知、准备认知与创业意愿正相关，可以通过政府支持、优化创业环境、完善高校创业教育体系和培养自身创业素质等方面不断激发大学生的创业热情，鼓励其投身创业活动。杨田（2015）以南京的大学生为研究对象，分析了创业自我效能对创业意愿的影响。通过225份问卷调查结果的分析发现，具有较强创业效能感的大学生对创业机会的识别会更敏感，更敢于尝试新事物，对创业的自信度提高，创业意愿也会越强烈。

4. 基于外部环境视角的创业意愿研究

创业的外部环境是指影响创业意愿或行为的各种因素的综合体，如政治、经济、社会、文化及支持或服务等（Devi & Danisl，1994）。弗兰克和路德（Franke & Luthje，2012）分析了文化、经济、教育背景对创业意愿的作用，研究发现背景环境因素会支持或阻碍个体创业意愿的形成。国内学者季丹等（2010）研究了中国背景下影响创业意愿的环境要素，认为在政府政策、社会经济条件、创业能力及资金支持是创业环境构成的五要素。这五个要素从外部、内部两方面影响个体创业意愿的产生，这一研究验证了国外学者格耶瓦里和福格尔（Gnyawali & Fogel，1994）关于创业环境模型的研究。张玉利等（2014）认为创业环境是影响创业活动的重要因素组合。宋丽红等（2015）基于制度和资源依赖理论，利用1221家新创企业样本数据研究了创业成长意愿与感知的正式与非正式制度环境的直接关系，发现差的制度环境对创业成长意愿的约束作用，中国转型经济下创业者的成长意愿受到制度环境与企业家行为的共同作用。张秀娥和张梦琪等（2015）基于信息生态环境的视角，分析了包括信息人、信息内容、信息技术、信息时空以及信息制度在内的各信息环境要素对个体创业意愿的影响，认为创业活动是与各信息生态因素协同演进的过程。此外，研究发现创业意愿具有周期特征，洛艾萨和里戈里尼（Loayza & Rigolini，2006）认为个体的创业意愿会受到就业前景、劳动力市场地位、生计压力等等因素的影响。菲斯等（Fiess et al.，2010）指出失业率较高时，个体的创业意愿会下降，创业活动减少。图里克等（Thurik et al.，2008）研究发现，经济繁荣时期的创业活动增多。

在创业环境要素中，特别值得关注的是国家关于创业政策，相关政策的出台也会影响个体的创业意愿。达纳（Dana，1990）指出了创业相关的规章制度、税收及创业培训和咨询服务会影响个体的创业意愿。布兰奇弗劳尔（Blanchflower，2000）研究发现优惠的创业税收政策会提高创业意愿，吸引更多个体参与创业。汉森（Hansson，2006）研究国家税收政策对群体创业意愿的作用，研究表明财产税减少了人们对于创业成功后的收入"预期"，因而创业意愿会降低。张苏和樊勇（2014）同样从税收政策的角度分析了其对中国大学生创业意愿的作用，研究发现优惠的税收政策能够显著提升大学生创业的热情，因此，政府可以通过制定针对大学生的税后减免政策、简化办事程序等提升创业热情，鼓励更多大学生投身创业浪潮。

还有一部分学者研究了创业的内外部环境对创业意愿的综合影响作用。克里斯蒂安和尼古拉斯（Christian & Nikolaus，2004）构建了创业行为决策过程模型，从内部环境和外部环境两个层面分析其对创业意愿的影响，认为两者可以通过创业态度这一间接变量产生作用，并进一步影响个体的创业行为。格伦德斯滕（Grundsten，2004）认为个体的情感环境和理性环境是影响创业意愿产生的环境因素，即感性和理性两方面会综合影响个体行为过程。范巍和王重鸣（2004）分析了背景因素对大学生创业意愿的影响，同时个体特征和认知因素也会影响个体创业意愿的产生。汤明（2009）指出创业效能感在个人背景、社会背景与创业意向关系中起中介作用。

2.5.3.3 创业意愿与创业行为的研究

创业意愿是愿意为了开展创业活动而甘心冒风险的思维倾向，西特金（Sitkin，1995）认为通过研究个体的创业意愿可以推测出个体未来创业的选择。这突显了创业意愿的预测性，并对未来开展创业投入情感，计划创办新企业以创造价值（Krueger，1993）。由于创业活动的发生需要经过一段时间的计划，具有一定的计划性，因此，短时间内难以直接测量（Sitkin，1992），而创业意愿可以针对创业活动的特点，有效的预测个体时候开展创业活动（Krueger，2000）。由此可知，创业意愿的产生是个体愿意投身创业活动，参与创业行动的前提。

现有的研究倾向于证明个体创业意愿可以预测创业行为。阿杰恩（Ajzen，1991）提出的计划行为理论，认为行为的产生直接取决于一个人执行某种特定行为的行为意愿，个体的行为意愿越强，采取行动的可能性越大。克鲁格（Krueger，2000）所构建的创业意愿形成模型为后续研究创业行为的发生过程提供理论依据，是分析个体创业过程的发展。在计划行为理论基础上，李永强（2008）利用中国大学生样本，验证了计划行为理论在中国背景下的适用性，研究发现个体的创业意愿可以有效预测创业行为。个体的创业过程包括多个阶段、多个要素的相互作用，创业意愿可以预测创业行为的发生，但也未能全面的解释创业意愿为什么以及如何做出创业决策的机制。因此，探讨创业意愿与创业决策之间的内在机制值得关注，这可以为研究个体创业决策的形成过程提供新的思路，同样也为引导有创业意愿的个体将意愿转化为行动提供切实可行的建议。

2.6 创业认同

2.6.1 创业认同的内涵

2.6.1.1 自我认同的概念

决定参与创建新企业的决策过程中，个体较为关注外界对其的评价及认同，然而对自身价值的衡量与自我认同状况影响了决策制定的整个心理历程。弗洛伊德从哲学的视角界定认同，认为认同是在社会背景下，个体对其他人的态度观念、价值标准等的模仿和内化，最终达到与他人趋于一致的心理历程。20 世纪 30 年代，美国心理学家埃里克森将认同引入心理学领域，认为认同包含身份和同一性两个层面的含义，即回答"我是谁"和对自我的认知。在此基础上，埃里克森（Erikson，1963）以自我同一性为核心开创性地提出了自我认同（self identity）这一概念，认为自我认同是个体对自身信仰、价值观等一生保持一致，将个体内在状态与外部环境协调一致。此后，吉登斯（Giddens，1998）把自我认同作为现代性的研究视角，将自我认同定义为个体在自我经历的基础上，反思性的理解自我，即从"我这样看自己"或"他们这样看我"两个层面进行自我反思。国外关于自我认同在社会学、心理学等学科的研究基本上是建立在埃里克森和吉登斯基础之上的。波普诺（Popenoe，1999）从主观自我与客观自我、现实自我与理性自我两类，对自我认同的内容从不同视角进行了分析。萨比娜（Sabine，2008）认为职业认同是个体自我认同的一部分。

国内关于自我认同的研究最早出现在社会学领域，费孝通（1998）认为自我认同是在社会互动中形成、发展的，是对"我是谁"这一问题的清晰定位。蔡雪芹（2005）认为在现代消费社会中，人们通过消费能否获得自我真实的确认是影响消费者认同形式变化的主要社会原因。王亮（2010）认为自我认同是社会的结构性和个体的反思性相互作用的动态过程，不仅仅是个体主观认知的产物。晁玉蓉（2013）认为自我认同包含两方面内容：一方面，是自我内在的认同,即回答"我认为我是谁";另一方面,是自我的外在认同,即"我认为别人认为我是谁"。两方面是相互影响、互相作用的。

综上所述,国内外研究倾向于将自我认同看作是在外部要素与自我评价之间的相互作用下形成的,是一个人区别于另一个人的整体性标识。因此,本研究认为自我认同强调认同的主动性,是个体对自我的看法,它通过与他人的比较中逐渐认识自我、明确社会角色。

2.6.1.2 创业认同的概念

创业认同是解释行为表现的认知方式,个体自我认同的理解对创业者来说是非常有意义的(Murnieks & Mosakowski,2006;Hoang & Gimeno,2010)。首先,角色视角的创业认同。根据认同理论(Stryker,1968;Stryker & Burke,2000)研究发现,所有的认同都源自社会角色,这些角色的行为和意义依附于一些社会类别,如创业者、医生、教师等。当这些角色被内化为个体认知方式时,认同便会形成(Stryker & Serpe,1982;Cast,2004)。换句话说,当个体将创业者角色的外部意义内化时,创业认同便会形成,并且形成自我定位,个体将自己称之为"创业者"。当个体认识到创业者身份的意义时,他会将行为与创业认同相联系。创业认同作为个体自我概念的重要部分,所表现的社会角色会影响个体的行为,如创业认同会激励个体行为试图证明其存在感(Burke & Stets,1999)。个体有一种被需要的感觉,证明了个体对自身价值的认同(Burke,1991;Ryan & Deci,2000)。维萨莱宁和皮赫卡拉(Vesalainen & Pihkala,2000)认为创业认同受个体的背景约束,作为创业者角色的社会性会影响个体的主观认识,这源于个体价值观、动机、技能。在创业过程中,个体会扮演多种角色,如创新者(Johnson,2006)、商业者等(黄攸立等,2013)。可知,创业认同是创业者特征的行为价值和解释的认知结构,可以提供独特的认同感,用于激励和引导适当的角色行为(Anderson & Warren,2011;Shepherd & Haynie,2009;Stets & Serpe,2013)。在特定情境下,个体会拥有一个或多个角色来实现角色特定的行为期望。

创业者有着区别于其他群体的价值观(Whitta,1993),是存在于社会环境中的特殊群体,因此个体创业认同与外部因素相关。创业认同可以被利用在创业早期的组织创造和自我合法性的确立过程中,具备管理和实践能力的创业者可以感知到这种认同,这有助于实现期望的结果(Down & Warren,

2008)。奥瑟等（Orser et al.，2011）关于女性的创业研究认为认同与创业者、想法、机会和结果、组织结构的联系，认为创业认同是由个人、企业和社会三者之间所构成的。因此，创业认同是多层级、相互作用的，是个体自我价值和行为观念的获得或摈弃，以产生社会和经济环境意识。法尔克等（Falck et al.，2012）分析了青少年创业认同对创业意愿的作用，认为父母和同伴是影响青少年创业认同形成的重要因素，是个体社会化的结果。此外，认同与自我概念相联系，个体强烈的行为动机表现与创业认同相一致（McCall & Simmons，1966；Burke & Reitzes，1981）。创业认同与识别、评价、探索机会的行为和意义相关（Shane & Venkataraman，2000），且与特定创业行为相关，如创新产品、创建和发展新企业（Cardon et al.，2009；Cardon & Glauser，2010）。

鲍威尔和贝克（Powel & Baker，2014）将创建者认同定义为：在日常工作中作为创建者的长期显著的认同感。创业者具有独特的角色认同感，特征包括创新者、风险承担和行动导向，还包括一些次要的特征，如组织者、推动者和沟通者（Mitchell，1997；Shepherd & Haynie，2009）。创业者角色认同影响创业者识别机会的方式（Mathias & Williams，2014）。此外，创业者具有一些宏观的认同感（Pratt & Foreman，2000；Shepherd & Haynie，2009）。创业者的认同包含两种或多种不同的影响，是作为创业者主动和被动的结果（Bjursell & Melin，2011）。同样的，谢泼德和海尼（Shepherd & Haynie，2009）提出创业者具有两种矛盾的需求：一是归属感，包容性的需要，作为社会团队一部分的社会认同；二是差异性，具有独特自我认同的需要。因此，创业者的认同是同一性和差异性的集合体（Anderson & Warren，2011）。

大学生创业认同的构建，需要个体在一定的社会环境下逐渐认识自我价值、明确创业者角色，形成一种主动意识和创新精神，以适应创业过程的需要。综上，创业过程的复杂性决定了个体创业认同的特殊性，从创业者角色认同发展到对创业者认知的内化过程。因此，本研究认为创业认同是个体对创业者角色的积极认同感，是主动将自己转变成创业者身份的过程。

2.6.2 创业认同的测量

国内外关于创业认同的测量都还处于初期阶段，主要有定性研究和定量研究两种方法。

2.6.2.1 定性研究

现有关于创业认同的测量研究中较多采用访谈、故事叙述等方式（Cohen et al.，2000；Cope & Down，2010）。维萨莱宁等（Vesalainen et al.，2000）关注创业过程，认为个体的创业认同、意愿、职业选择的最终需求等是影响创业决策的核心要素。研究中选取 19 种创业角色，如科学家创业者、网络创业者等，根据自身对各种角色的认可程度进行打分以确定对创业者角色的认同，结果发现认同度较高的创业角色是独立职业者，包括律师、顾问、医生或者是需要通过教育和具有经验的专业人士。特青等（Kitching et al.，2014）强调身体语言和非语言表现的作用，如运动、姿势、手势和面部表情在认同形成中的作用。创业者可以用语言来鼓舞周围人，与他人达成创业的共鸣，获得自己及周围人的创业认同。因此，个体语言可以影响行为，创业者的表情、手势等体现了个体对行为的态度，将会影响创业者在活动中的定位。

2.6.2.2 定量研究

半结构式访谈或行为观察方式，容易受到研究人员主观判断的影响，难以准确的量化创业者认同的程度。因此，采用定性研究的方式更能客观的衡量个体的创业认同。然而，创业认同的定性测量工具较为缺乏。奥布肖恩卡等（Obschonka et al.，2015）开发了以创业者自身为重点的创业认同量表，包括三个问项，如"将行为参与的想法商业化不符合我的自我概念""将行为参与的想法商业化对我来说完全是陌生的""将行为参与的想法商业化适合我，而且与自我价值和现在的科学研究是相符的"，其中前两个为反向题项。在研究中，将创业认同与计划行为模型相结合，检验青少年创业认同在TPB 创业框架下的调节作用，结果发现创业认同在 TPB 中起调节作用，同时可以有效预测创业行为，但是创业认同在创业意愿与创业行为之间不存在调节作用。

综上，通过梳理国内外学者对创业认同的测量发现，先前研究主要集中在主观定性方式上，现有研究趋势开始关注问卷调查的定量研究方法。因此，本研究选用调查问卷的方式采用李克特量表对创业认同进行分析，将创业认同在个体创业活动中的作用进行量化，以分析认同感的影响机制。

2.6.3 创业认同影响因素研究

个体的创业认同是与特定创业行为相关的自我角色的重要部分，反映了个体创业者角色标准的实现。在创业活动中，个体创业认同是在自身特点和外部环境的共同作用下形成的。综合现有研究发现，影响创业认同形成的因素主要包括外部环境因素、人口统计因素和情感因素等。

2.6.3.1 外部环境因素

创业活动是需要与外部网络进行互动才能够实施的，因此，外部因素对个体创业认同的形成有着潜移默化的作用。首先，社会环境要素对创业认同的作用。韦沙离（Vesala，2007）以面临农业重构压力背景下的欧洲 590 名农村创业者和 2200 名有参与投资的农民为样本，分析了有投资意向的农民、无投资意向的农民和不从事农业劳动的农村人口之间的创业认同差别。统计结果发现，由于农业发展方面的挑战，使得农民关注职业教育和培训的重要性，不断提升创业和市场技能。此外，与传统农民相比，参与投资的农民的创业认同要高，他们能够感知到自己的成长导向、风险承担、创新、积极性和对商业活动的个体控制。同时，创业者所获得的政策支持也会影响个体的创业认同，如税收政策、职业培训等都是政策对创业者活动的良好评价，个体的创业认同会在外部环境要素的作用下不断强化（Mason et al.，2013）。吉尔等（Gill et al.，2014）以美国硅谷、犹他州、蒙大拿州三大高新技术产业区域的创业者为研究对象，分析了高科技创业者创业认同的构建，研究发现地理位置和由此产生的不同环境要素影响个体创业认同的构建。其次，个体所处的人际网络关系也会影响创业认同的构建。创业认同是个体社会化的结果，可以通过一些非正式的关系获得信息、机会和资源。此外，一些研究认为代际关系会影响创业认同的构建，在创业思想、动机等方面不同代之间的创业者是存在差异的，这种代际差异会影响个体的创业认同（Down et al.，2004）。新一代创业者会选择冒险、自由的行为方式，更倾向于高新技术等新兴产业，与老一代的创业者相比具有独特的创业认同感（Peterdon et al.，2001）。法尔克等（Falck et al.，2012）根据 PISA 2006 对 15 岁的学生创业意愿的调查结果进行分析，认为个体创业认同是由父母和同伴形成的，生长在创业家庭中的孩子更有可能从父母那里获得的认可，同伴效应为创业者提供心理支持，强化个体的创业认同。

2.6.3.2 人口统计因素

年龄、性别和受教育程度等人口统计因素会影响创业认同。研究认为创业认同存在性别差异（Bruni et al.，2004；Limerick & O'Leary，2006）。帕克（Parker，2004）以德国西部的创业者为研究对象，发现创业认同与年龄呈现倒 U 形的关系，个体在 40 岁左右时的创业认同感最高。奥瑟等（Orser et al.，2011）以零售商、制造商、运营商、顾问等行业的 15 名认为自己是创业者的女性为研究对象，发现女性具有爱心、成熟稳重等典型特征，在行为参与、行动导向、创造性的思考等方面与男性创业者存在差异。哈梅林（Harmeling，2011）分析了创业教育对个体创业认同的影响，发现创业教育对创业行为有潜在作用，不仅可以为参与者提供知识和工具，而且可以帮助他们增加经验、增强创业认同感，即"不但明确他们是谁，而且知道他们未来会变成谁"。

2.6.3.3 情感因素

积极的情感会刺激个体产生力量和勇气，是行动的动力源泉（Bierly et al.，2000）。积极情感是一种有意识的强烈感受，具有积极、持久、连续的特点（Cardon et al.，2008）。创业激情作为一种积极且强烈的情感深深根植于创业实践中，个体的创业激情是积极情感驱动的一种心理状态，积极情绪促使创业者对结果产生积极评价，提高创业自我评价（Perttula，2003）。莫尼克斯等（Murnieks et al.，2011）从认同视角出发，分析了个体创业认同对创业活动过程的影响，认为创业认同可以通过激发个体创业激情间接作用于行为，且认为当创业认同的中心性和重要性较低时，创业者的激情也会相应地减弱。创业过程中创业者的创业激情反过来会影响个体未来在某些特定领域创业的创业认同感。伊茨哈基和克洛普（Yitshaki & Kropp，2016）基于扎根理论方法，构建了高技术创业和社会创业两种类型创业者的创业激情与创业认同构成要素之间的关系模型。通过对 45 名高技术创业者和社会创业者的生活故事的采访发现，创业激情与认同的关系可以描述为一种反馈的循环过程，认同和激情之间是相互作用并不断增强的。

通过分析现有研究发现，外部环境因素、人口统计因素和情感因素是影响个体创业认同的因素。而创业过程是一个由动机产生到行为发生的过程，因此个体创业认同的形成也会对创业决策产生影响。第一，创业认同与创业意愿的关系。维萨莱宁等（Vesalainen et al.，2000）分析创业认同、创业意愿和环境推力的关系，认为创业认同是意愿的重要决定性要素，最终影响个体的创业决策。法尔克等（Falck et al.，2012）将社会认同概念引入创业领域，分析了青少年创业认同对创业意愿的作用，认为创业者的同伴效应会影响个体创业认同的构建，创业认同的传递对青年创业者的意愿产生影响，其中价值观、个人主义对两者关系起到调节作用。此外，创业认同可以发挥调节效应影响创业意愿。奥布肖恩卡等（Obschonka et al.，2015）利用创业过程模型，以德国科学家为样本，分析了创业自我认同在 TPB 创业框架下的调节作用，发现创业自我认同在 TPB 中起调节效应。第二，创业认同与创业行为、创业决策的关系。法摩尔等（Farmer et al.，2011）以美国和中国等国家或地区的创业者为样本，分析了创业认同对创业意愿的影响。研究发现创业认同愿望的强度与创业角色的自我评价相关，同时认同愿望强度也可以预测发现和探索行为，且创业经验在创业认同愿望和创业行为之间起调节作用。个体的创业认同会影响创业机会识别、创业决策的实施。当个体具有较高的创业认同时，会以创业者的视角深刻思考问题，并表现出较高的创业投入。尼尔森等（Nielsen et al.，2012）认为创业认同是创业过程中较为活跃的环节，会影响个体的创业决策和行为方式。因此，个体创业认同在创业过程中发挥着重要作用，较高的创业认同感能够激励个体积极识别、利用创业机会，将创业想法转化为创业实践行动。

第 3 章

理论分析与研究假设

3.1 理论基础

3.1.1 创业管理理论

3.1.1.1 创业管理理论的演化路径

18 世纪就已经出现对创业现象的分析，早期的创业研究以大企业为中心，注重对创业现象重要性的论证。直到 20 世纪 80 年代才将创业管理作为一门学科，1982 年首届百森创业研究讨论会，标志着创业研究正式成为学术研究的领域。德鲁克（Drucker，1985）认为创业是创造出新的、有价值的系统性活动。19 世纪 90 年代创业开始应用于战略管理、组织管理领域，并成为研究企业管理重要的基础性理论。谢恩和文卡塔拉曼（Shane & Venkataraman，2000）提出了以机会为核心的创业概念，认为创业是机会的识别、评价和利用过程。在之后的研究中，创业研究的视角不断得到拓展，与创业环境、资源获取、创业者特质、企业绩效、企业成长的关系逐渐受到关注（Ardichvili et al.，2003；Carolis，2006；Saraavathy，2011）。随着研究的深入，创业研究逐渐从关注创业者特质向创业行为、认知视角转变，即从"谁是创业者"向"创业者做什么"的行为观点拓展。其中认知观成为近期研究的热点，试图回答"创业者的原动力是什么"这一问题，在分析创业的结果之前，分析"创业者如何决策"成为研究认知过程和行动的重要问题（Busenitz & Shepherd，2003）。

3.1.1.2　创业研究模型

创业管理研究的理论基础包括战略管理理论、领导理论、创新理论、社会学理论和心理学理论等。随着研究的推进，创业研究的焦点也不断扩展。国内外学者提出了一些具有广泛影响力的研究模型，主要包括要素组成型、过程型、战略型、行为结果型四种类型的经典模型。

1. 要素组成型的创业模型

一是加纳（Gartner，1985）提出的以创业者、环境、创业过程和组织等四个要素组成的多维度动态创业理论模型。该模型认为新组织的创建是创业活动的具体体现，需要通过整合不同的要素以获得预期的结果。创业者是协调该模型要素的关键因素，影响所构成网状结构中各要素的作用，这就需要较强的创业者特质。因此，该模型从成就需求、冒险性、控制点等方面，归纳了在新企业创建过程中创业者应具备的特质。二是迪蒙斯（Timmon，1999）提出的商机、资源和团队三要素相互匹配的创业模型，而且在企业创建到发展的不同阶段，三要素是不断进行动态平衡的。该模型认为创业机会的识别与开发是创业过程的开端，资源的合理配置有利于创业机会的充分利用，而创业团队是实现创业过程的最重要的支撑，强调了创业过程中三要素的动态调整和动态均衡状态。三是萨克汉（Sackham，1999）认为创业过程是人与资源、机会、交易行为、环境四个要素相互协调、相互促进的过程。该研究模型重视环境因素对创业的影响，认为环境因素对人、机会、交易行为均会产生作用。萨克汉的创业模型中指出了激励分配、风险共担等交易行为，说明了创业者与利益相关者之间的网络关系，这进一步拓展了创业要素的外延。

2. 过程型的创业模型

一是韦翰（Wickham，1998）提出了以创业者为主导的企业创建阶段，以及在该过程中不断学习以实现创业成功。第一阶段，创业者处于资源、机会、组织三要素的核心地位，创业者需要识别机会、管理资源、领导创业组织，突出了创业者在企业创建中的主导地位。第二阶段，认为动态学习对创业成败有重要影响，为实现创业的成功，组织和创业者需要不断地学习、更新知识，应对困难和挑战。二是克里斯亭（Christian，2000）提出随着时间的演进，创业过程中创业者与新事业之间的关系是不断动态调整的。该模型强调了创业流程是在外界环境的变化中而循序渐进变化的，同时创业者也需要根据创业的不同阶段不断的更新知识和能力，以适应企业发展的需要。三是谢恩和文卡塔拉曼（Shane & Venkataraman，2000）进一步提升了创业机会在创业过程中的作用，认为关于机会的发现和利用贯穿于创业的整个过程。该模型认为创业研究不应仅仅关注企业创业过程，同时还要注重企业的发展。对创业机会利用的最终结果包括新企业的创业、内部创业、转让机会，这都属于创业的过程。四是莎拉斯瓦蒂（Sarasvathy，2001）提出效果逻辑的创业模型，从"我是谁""我知道什么""我认识谁"这三个自我反问开始分析创业的过程，在该过程中还需要网络伙伴的支持，获得创业所需要的资源来实现创业的成功。

3. 战略型的创业模型

一是李海洋（2001）提出了以新创企业战略为核心的创业模型，认为企业战略会影响环境因素与绩效之间的关系。在行业环境和环境敌对性的影响下，企业会根据环境的变化调整战略方式，抓住市场机会以实现企业的市场绩效和财务绩效的提高。二是杰恩（Jain，2001）提出行业机构、管理战略和风险投资都会影响创业企业绩效。该模型关注影响创业企业成长的因素，创业者风险投资的导向会影响企业的管理战略，进而决定企业能否创业成功。三是乔治（George，2002）提出了组织因素、国际创业与竞争优势三个变量的关系，认为环境因素和战略因素是影响组织开展国际创业的条件变量。该模型认为能力、差异化、相似性、一般战略、职能战略、进入战略是影响企业开展国际创业的重要战略要素，同时各要素的相互作用能够为企业的成长提供支持，获得国际化的企业竞争优势。

4. 行为结果型的创业模型

行为结果型创业模型重点关注创业行为发生前创业者的信念、认知、意愿、决策等，分析这些因素对创业行为的作用。一是博德（Bird，1988）提出的创业实施模型，认为创业意愿受到理性、逻辑推理与目标、感知与情景思维的影响，并最终作用于创业行为。二是阿杰恩（Ajzan，1991）在理性行为理论模型基础上提出的计划行为模型，认为态度、主观规范和感知行为控制是影响个体创业意愿产生的三大因素，同时感知行为控制与创业意愿共同作用于创业行为。三是克鲁格和布拉泽尔（Krueger & Brazeal，1994）构建的创业潜力模型，认为希求性感知和感知行为控制间接影响创业意愿的产生，并认为行为倾向和突发因素是该过程重要的条件变量。埃尔温（Elfving，2008）构建了触发事件作用下创业意愿形成的动态过程，该模型认为动机、创业目标与创业行为之间存在反馈机制，需要充分考虑各因素之间的相互作用。

通过分析以上经典创业模型可知，现有研究基本上是从资源、机会、环境、人等视角构建模型，并逐渐由创业者的特质观向行为观发展。由于时间的动态性使得创业过程的各要素需要进行不断的调整，使其在有利或不利的环境下，都能通过不同的战略来实现资源的最优配置（Ucbasarna，Westhead & Wright，2000）。因此，创业过程的时间维度促使创业者需要不断的分析不同阶段要素的变化，能够在更长的时间范围内关注个体的创业行为。

3.1.2 决策理论

决策理论（theory of decision making）最早是由西蒙在社会系统学基础上发展而来，认为决策是一个过程，贯穿于管理的全过程，管理就是决策。随着研究的深入，学者将决策从多种角度进行延伸，不断拓展和完善决策理论。

3.1.2.1 有限理性决策理论

西蒙在考虑理性经济人的前提下，提出了有限理性决策理论，认为由于信息获取、处理和利用的有限性限制，人在决策过程中只能遵循"满意"原则，因此人的行为受到有限理性的约束。有限理性理论的提出为现代决策理论的发展奠定了基础。卡尼曼（Kahneman，2003）认为个体因素和外部因素的限制是引起有限理性的原因，如注意力、智力、环境、信息等。个体的认知能力是决策过程中出现有限理性的原因（Arrow，2004）。戈伦尔（Gigerenzer，2010）同样将个体的有限理性决策行为产生的原因归于决策者的认知，并认为对活动的整体认知过程是影响有限理性的关键。我国学者李广海（2007）认为由于决策目标、环境、进程和时间等动态因素的影响，个体只能获得在有限理性和行为偏差约束下的有限最优的投资决策结果。何大安（2013）以决策者的决策动机、偏好和效用期望为依据，认为"理性行为人"强调"先思考后认知再决策行为"的理性决策过程，更符合决策的发生过程。吴新林（2014）探讨和分析了个体决策的有限理性特征，认为针对有限理性的采购商，供应商只需提供符合采购商最低满意标准的物资。综上，现有关于有限理性决策产生的原因，主要关注决策者认知因素、环境因素及可能出现的成本等，已经成为探讨个体决策的重要理论基础。

3.1.2.2　行为决策理论

行为决策理论（behavioral decision theory）从 20 世纪 70 年代开始已经成为一门独立的研究学科，在经济、金融和管理等领域广泛应用。卡尼曼和特沃斯基（Kahneman & Tversky，1979）对传统的决策模型进行大胆创新提出了"前景理论"（prospect theory），是行为决策理论的代表性模型（如图 3.1所示）。该模型将决策过程划分为编辑和评价两个阶段，决策者的个体因素及环境因素共同作用于方案的编码过程，并通过构建决策框架及对方案的评价结果最终做出决策。同时，研究利用实验法研究人的决策行为，发现系统性的直觉与偏差是解释偏离理性行为产生的因素。戈德斯坦和吉格雷纳（Godstein & Gigerenzer，2002）认为个体的决策行为是运用有限的认知对不确定环境的探索，认知能力与环境结构的和谐保证个体行为的适应性，这被称作为"生态理性"观点。布兰德斯塔特和吉格伦泽（Brandstatter & Gigerenzer，2002）从辨优启发式视角分析启发的过程和结果，将生态观点应用于风险决策研究。格里木（Griffim，2011）指出战略决策过程中，直觉行为、承诺升级行为、风险偏好行为是影响决策行为的重要因素。陈权等（2014）进一步验证了格里木提出的各因素对高管团队决策行为的影响。行为决策理论主要是对"个体是如何决策""为什么会这样决策"等问题进行描述性和解释性研究。个体层面，行为决策理论在管理学中的研究开始关注个体观念、认知、情感、动机的作用，这将与组织发展的绩效紧密相关。

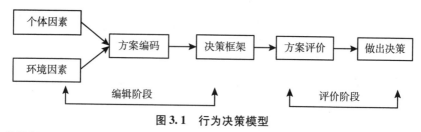

图 3.1　行为决策模型

资料来源：Kahneman D，Tversky A. Prospect Theory：An Analysis of Decision under Risk ［J］. Econometrica，1979，47（2）：263 – 291。

3.1.3　行为心理学理论

3.1.3.1　社会认知理论

社会认知理论（social cognition theory）是社会心理学的重要理论之一，由班杜尔（Bandura，1977）提出并广泛应用于经济学和管理学。社会认知理论主要研究外界环境、团队或个体因素、行为三者之间的相互关系，其中个体因素包括个体禀赋、态度、认知结构、认知模式等。该理论强调个体、环境和行为三者的交互作用，因此又被称作"三元交互决定论"。该理论认为，一方面，个体因素，如信念、动机等能够有力地支配并引导行为，行为及其结果反过来又会影响行为主体的情绪反应；另一方面，个体可以根据性格、社会角色等主体特征激活不同的环境反应，行为是个体用以改变环境，使其适合并改善个体与环境之间关系的手段，因此个体行为同时受到个体和环境因素的共同影响。随着研究的深入，班杜尔认为个体的认知因素主要是指自我效能，个体根据自我效能来规范并维持行为。伊格巴和利亚（Igbaria & Iivari，1995）认为自我效能和结果期望是影响个体知识分享行为的因素。廖成林和袁艺（2009）利用社会认知理论构建了知识共享模型，认为环境因素和个体因素中的自我效能、结果期望、自我评价都会影响个体的知识分享行为。以认知为基础的创业意愿是预测行为的重要指标之一，因此在研究个体行为决策时应关注个体的认知因素。

3.1.3.2　情绪感染理论

哈特菲尔德等（Hatfield et al.，1994）认为人与外界的交互作用中，会自动模仿与他人相似的姿势、表情等的倾向性,因此这种情绪聚合现象被称作情绪感染(emotional contagion)。社会心理学的大量研究已经确认了情绪感染过程,情绪感染被逐渐应用于管理学研究。莫里斯等(Morris et al.,1996)从情绪感染理论出发,认为服务型员工的情绪对顾客满意有重要影响,并最终影响企业的销售状况。格拉德(Grandey,2000)认为服务型员工的情绪会感染顾客情绪,企业需要对服务型员工的情绪进行适当的调整,以实现企业的组织目标。普格(Pugh,2001)将情绪感染理论应用于营销学领域,认为顾客能够感受到服务型员工的情绪表现,这种情绪同样会感染顾客,服务型员工在与顾客的互动交流中的情绪表现会影响顾客的购买意向。卡登等(Cardon et al.,2008)开创性的将情绪感染理论引入创业管理研究,构建了创业激情的情感感染模型,认为创业者的激情能够通过情绪模仿与社会比较传递给员工,进而影响员工的激情和组织的价值。在此基础上,卡登等(Cardon et al.,2009a)从创业者认知视角构建了创业激情的经验模型,认为创业激情能够通过提升创业者对目标挑战、目标承诺、目标实现的认知状况来影响创业行为,并最终影响企业创建及成长。因此,创业者的情感能够感染周围群体,同时也能够通过传递作用影响创业行为主体的决策过程。

3.2 理论框架

近年来,关于个体创业决策的研究受到众多学者关注,并逐渐由分析外部环境因素作用向个体因素视角拓展,包括性别、年龄、受教育程度、个人特质、认知因素、意愿等(Ajzen,1991;Shaver,1995;Kruger et al.,2000;Delmar,1996,2000;马昆姝和李雁晨,2014)。从上文个体创业决策的相关研究可知,学者关于创业者决策前因变量的研究较多,个体层面主要是针对行为倾向的实证研究,但从情感视角的实证研究较少。然而创业激情作为一种重要的情感因素,在个体创业初期对个体机会识别、资源投入、团队组建等方面产生显著影响。同时,创业承诺是个体将情感因素嵌入到创业活动中的程度,是影响创业激情向创业实践转化的重要情感因素。基于巴伦(Baron,2008)提出的创业者情感作用模型,认为创业活动中情感因素会直接影响创业者认知,如机会识别、资源获取等,进而影响创业决策。因此,本研究在创业激情与创业决策研究基础上，引入创业意愿和创业承诺两个中介变量，从行为倾向和情感两个视角来完善研究模型。此外，个体的认同因素也是影响创业者行为决策重要因素，本研究将创业认同作为调节变量，构建了创业激情影响个体创业决策的有调节的中介效应模型。综上，本研究以创业激情为自变量，以创业承诺和创业意愿为中介变量，以创业认同为调节变量，分析创业激情通过创业承诺和创业意愿对创业决策的影响效应。本研究的理论框架如图 3.2 所示。

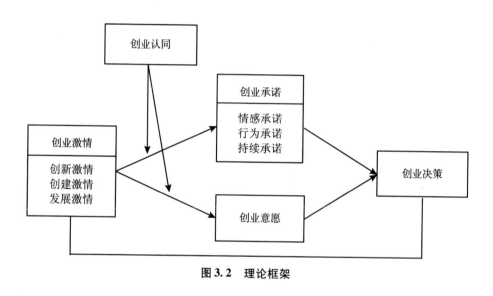

图 3.2　理论框架

3.3　研究假设

3.3.1　创业激情与创业决策

创业被看作一种"有激情的故事"，而激情是创业过程中最容易出现的现象（Smilor，1997）。长期以来创业激情被视为一种情感要素，刺激创业者克服困难，决定积极参与创业。创业激情是个体特定的动机结构，能够激发创业者的创新思想和创造性的决策（Chen，2009）。而情感视角的研究发现，创业激情与一般的情感体现不同，当个体思考或参与创业相关的挑战性活动时，更会体会到这种激情（Vallerand et al.，2003）。情感的感染理论认为创业者的积极情感可以传递给员工，提升员工的组织承诺和对目标实现的追求，进而激励员工积极参与组织的创业行为。创业激情是一种积极、稳定、持久的情感体验，能够促使创业者在创业过程中保持热情（Cardon et al.，2005）。创业激情的经验模型指出，创业激情与问题解决、创业持久性和创业专注性等密切相关（Cardon et al.，2009）。创业激情作为个体重要的情感因素，会影响创业者的行动决策（Foo et al.，2009；Grichnik et al.，2010）。其中，积极情感可以激发创造性、识别有效信息，这对识别机会和探索新环境有作用（Baron，2008）。赫米列基和巴伦（Hmieleski & Baron，2009）认为创业激情是对积极结果的期望，即一个具有信心的结果，因此积极情感可以引导个体持久的追求挑战性的目标。创业激情的积极情感是对所开展活动的强烈兴趣，创业者的情感越积极，也就越能激励创业者做出参与创业活动的决策。辛普森等（Simpson et al.，2015）探索了创业情感的动态性对创业绩效的作用，分析创业的社会绩效和情感绩效能理解激情对创业的影响。

实证研究方面，创业激情对创业决策的影响主要体现在个体的行为方面，当个体具有创业激情时，说明个体已经做出要参与创业活动的决策。卡登等（Cardon et al.，2009b）将创业激情划分为创新激情、创建激情和发展激情三个维度。其中，创新激情是个体对识别、探索机会相关活动的激情；创建激情是个体对参与机会的利用，参与创建新企业活动的激情；发展激情是个体对新创企业发展、成长等活动的激情。莫尼克斯等（Murnieks et al.，2011）认为与自我效能相比，创业激情对创业活动的驱动作用更强。史江涛（Shi，2012）从和谐激情与强制激情两个方面分析创业激情对创业的影响，认为和谐激情更能够激发员工的创新活动，且认知专注和组织自尊在两者关系中起中介作用。卡登等（Cardon et al.，2012）检验了创新激情、创建激情和发展激情在创业自我效能与创业活动之间的中介效应，认为三种创业激情均可以提高创业者的行为参与度。布吕斯特等（Breugst et al.，2012）从创业者的创新激情、创建激情和发展激情三个角度分析了创业激情的传递作用，研究结果发现创业者的创新激情和发展激情对员工提升工作承诺和目标参与有正向激励作用，而创建激情则有负向作用。康等（Kang et al.，2013）认为三种创业激情均会影响个体的创新活动，包括发现问题、产生创业想法、构建支持体系等，创业激情能够促使个体追求创新实现和创业有效性。此外，卡登等（Cardon et al.，2013）分析了不同阶段的创业激情的作用，研究发现创新激情、创建激情均对创业持久性的决策有显著的正向影响，而发展激情的作用不明显。朱云霞（2015）提出了基于儒家仁义概念为基础的理论模型，研究"情"（积极情感）和"理"（理性）在决策中的实际表现，研究选取中国中小企业中 32 名员工进行深度访谈，并选取 52 件工作中的事件为研究对象，研究发现"情"（积极情感）是决策制定中的关键因素之一，在创业实践中，中国的创业者都需要去面对与"情"（积极情感）和"理"（理性）两者之间的问题以达到两者之间的平衡。

综上所述，具有创业激情的个体能够充分利用资源，在现有环境下敏锐识别和探索有发展潜力的商业机会，积极参与创业活动，由此可知，创业激情能够提升个体选择创业活动的可能性，具有创业激情的潜在创业者更有可能做出开始创业的决策。创业机会是一切创业活动的起点，因此个体的创新激情是之后创业活动的关键支撑点；有着创建激情的个体会将机会进行商业化，更愿意做出将创业想法转化为实际创业活动的决策；发展激情是体现了创业者长远发展战略眼光，是创业者为企业长期发展制定的决策体现。创业者作为创建者和决策者的身份，为了实现企业的长期发展，会持续提升自身能力、识别新的机会、充分利用各种资源，用于企业的成长和发展。基于此，本研究提出以下假设：

H1：创业激情对创业决策有正向影响作用。

H1a：创新激情对创业决策有正向影响作用。

H1b：创建激情对创业决策有正向影响作用。

H1c：发展激情对创业决策有正向影响作用。

3.3.2　创业承诺在创业激情与创业决策之间的中介作用

3.3.2.1　创业激情与创业承诺

创业激情是驱动创业者持续投入创业活动的关键要素。创业激情的感染模型认为管理者的创业激情能够感染团队成员或员工的激情，使他们对实现创业目标产生较强情感承诺（Cardon，2008）。而个体投入新企业创建的情感将深深嵌入创业活动之中，因此，个体积极的创业情感会表现为对创业机会识别、新企业创建和创业目标实现的强烈承诺。罗伯茨和威尔士（Roberts & Welsch，2008）认为创业承诺的强度与机会成本、个体的动机强度有关，而创业激情是引导个体克服长期性、曲折性和困难性创业过程的驱动力或目标承诺。罗伯茨等（Roberts et al.，2010）认为创业激情可以测量和预测创业者的机会成本，在决定创业和建立新企业阶段创业承诺发挥着重要作用。布吕斯特等（Breugst et al.，2012）基于情感感染理论和目标定位，提出员工感知到的管理者的创新激情、创建激情和发展激情对承诺的影响不同，创新激情和发展激情能够提升员工的承诺，而创建激情却会降低承诺。陆和单（Lu & Shan，2016）构建了创业活动中创业激情的影响机制模型，将创业激情从创新激情、创建激情和发展激情三个方面进行研究，发现创业激情能显著影响机会开发、资源获取和员工承诺。

在创业的初期个体情感因素对创业活动的影响最为明显，首先，创业者的创新激情表现为个体识别和探索机会、开发新产品和服务时产生的积极情感。在新创企业中，产品仍然需要开发，创新是创业的关键活动，创业者需要积极地参与创新过程（Katz et al.，2000）。新创企业的参与者具有较强的灵活性，可以根据自己的理解形成不同形式的观点、决策和行动，可以深刻地感受到创业者的创新激情。此外，在新创企业中，创业者或团队成员会直接或间接地接受创新行为的回馈，如股票期权、分红和其他绩效激励机制，并将自己的目标与创业者的创新激情活动目标保持一致（Cardon & Stevens，2004）。因此，具有创新激情的创业者更可能与团队成员分享观点、态度和目标，这会激发创业者和谐的情感反应，即积极的创业承诺。其次，创业者的创建激情所表现的积极情感会影响新企业创建的活动，如增加资本、选址、拓展创业团队等。在新企业创建阶段，创业者或团队成员会继续投入大量资金、时间、精力等要素，这进一步提高了创业者对与创业成功的追求，这使得个体坚持对创业目标的承诺。然而，在此阶段企业的员工可能因为不能理解创业者持久资源的投入，而产生创业者与员工之间的情感冲突，但对于创业者来说，持续的资源投入会增强个体对创业行为更为持久的承诺。此外，创业者的发展激情会在创业者寻找新顾客、开发新市场及优化组织流程等过程中产生积极情感。这体现了创业者对企业长远发展的积极反应，感知到创业目标实现的可操作性和可能性，因此，会对创业目标产生更为长期持续的承诺。同时，创业者的发展激情同样会感染员工的发展激情，员工会认为自己与创业者在"同一艘船上"，因此会对企业产生较强的创业承诺。基于此，本研究提出以下假设：

H2：创业激情对创业承诺有正向影响作用。

H2a：创新激情对创业承诺有正向影响作用。

H2b：创建激情对创业承诺有正向影响作用。

H2c：发展激情对创业承诺有正向影响作用。

3.3.2.2 创业承诺与创业决策

创业承诺是企业创建的关键环节之一，体现在个体将智力资本、物质资本投入创业活动的外在情感表现。创业承诺作为一种稳定的行为动力，对未来的创业决策产生直接影响（Politis & Landstrom，2002）。布里亚特等（Bruyat et al.，2001）强调了创业承诺对创业过程影响的动态性，认为在机会识别、新企业创建、企业发展和持续成长等阶段创业者的承诺是随着时间推移而不断变化的。欧姆兰斯和法约勒（Omrance & Fayolle，2011）将个体把资金、时间和精力投入创业活动的时刻看作是个体创业承诺形成的标志，认为在新项目的启动、创业承诺和新企业成长是创业过程的主要环节，其中创业承诺环节要求个体具备整合资源、创新和学习等能力。而创业承诺的状态视角则注重情感因素的影响，认为创业承诺是个体对参与创业活动的情感投入和认同（Erikson，2002）。个体在创业活动中投入的情感要素越多，说明潜在创业者对创业活动的认同度越高，对实现创业目标的情感倾向越强烈，因此也更愿意全身心的投入创业活动。创业承诺体现了情感因素在创业活动中嵌入的程度（Tang，2008），因此，本研究更倾向于创业承诺对创业活动的情感作用，强调潜在创业者对创业目标、创业活动的情感认同，由此明确做出参与创业活动的决策。

实证研究方面，唐金同（Tang，2008）根据创业发展的不同阶段，提出了创业承诺的情感承诺、行为承诺和持续承诺三个维度，认为情感承诺表明创业者对创建新企业的欲望和愿望；行为承诺是创业者愿意为企业创建采取行动；持续承诺表明创业者愿意持续地开展创业活动，即使在创建过程中存在不确定性和不可预测性的情况下也会坚持创业。辛克莱等（Sinclair et al.，2009）认为创业承诺是创业过程的重要预测指标之一，创业承诺的预测能力不仅体现在知识搜集，而且还会通过有效信息刺激创业者进行创业准备。安林思（Alias，2011）认为个体创业承诺与自主性行为有显著相关关系，其中创业者的成就动机和客户关系只与创业承诺有关。因德拉瓦蒂等（Indrawati et al.，2015）发现创业警觉性与情感承诺、行为承诺和持续承诺呈负向的相关关系，这与唐金同（Tang，2008）的结论不同，研究认为产生这种差异的原因是调研对象的个体特点和社会文化等因素的影响。国内关于创业承诺与创业决策相关的实证研究较晚，许小东和陶劲松（2010）的研究认为创业承诺的持续承诺、行为承诺和情感承诺对新创企业绩效有显著的正向促进作用，而创业压力会通过持续承诺、行为承诺间接地影响新创企业绩效。李文博（2013）研究发现在大学生团队认知影响创业活动过程的路径中，创业承诺、团队理解、心智模式、交互记忆是影响大学生积极参与新创企业创建的重要因素。有着较高情感承诺的创业者对创业活动表现出较强的信念，更容易受到创业目标的激励，做出参与创业的决策（Sharma & Irving，2005）。情感承诺的核心是渴望创建新企业，这能有效激发创业者的创业警觉性，决定探索识别市场中的潜在创业机会。行为承诺可以激励个体持续的寻求新的商业信息，决定不断搜寻的过程为创业者识别、评价和利用机会提供了新的视角。创业者在发现市场中不平衡的同时，将获得的创业机会进行积极转化，最终做出前瞻性的决策。持续承诺是个体对职业选择或事业的承诺（Kupferberg，1998）。有着持续承诺的个体更会决定为了实现新创企业的长远发展而持续投入精力、时间和资源等，用以支持新创企业的持续发展，实现创业目标。基于此，本研究提出以下假设：

H3：创业承诺对创业决策有正向影响作用。

H3a：情感承诺对创业决策有正向影响作用。

H3b：行为承诺对创业决策有正向影响作用。

H3c：持续承诺对创业决策有正向影响作用。

3.3.2.3 创业承诺的中介作用

创业激情能够促使个体产生强烈的情绪状态，使其专注于自己所开展的创业活动，并全身心地投入其中（Hmieleski & Baron，2009）。创业激情能够给予创业者更多的力量来实现创业目标，即使是在面对挫折甚至是失败时，依旧能坚持不懈专注于创业活动（Sy et al.，2005）。行为心理学研究发现，当个体选择某项活动后，会随着时间的推移对这些产生心理满足感的活动产生认同感，并会将这种对活动的偏爱转化为活动的动机，而更加积极地参与相关活动。因此，创业激情能够使个体对创业活动产生偏爱和渴望，使其产生对该活动的承诺感，驱使个体持续的投入资源用于机会识别、团队组建和资源获取，最终做出参与创业的决策。创业者通过创新性来不断尝试新颖的方法或想法，以应对创业过程中可能出现的挑战，这有助于新企业的创建及企业成长（Laaksonen et al.，2011）。此外，创业激情可能出现在创业的不同阶段，如识别和利用机会、新企业创建、企业成长等阶段，而创业激情作为一种积极的情感会在创业机会出现时，根据自我的判断来评价机会的可能性，这种情感层面的信息加工过程也将加速创业决策的确定。

创业激情被认为是创业者行为决策的关键驱动因素之一（Cardon et al.，2005），而对于创业激情如何影响创业决策的制定过程，现有研究并未给出一致的结论。巴伦（Baron，2008）认为创业激情作为情感要素能够间接影响创业活动的发生，创业激情作用于个体对外部环境的认知过程，通过积极情感来感染创业者，使其产生积极的目标感知，从而促进创业活动的开展（Mackie，2004）。卡登等（Cardon et al.，2009）提出的创业激情的经验模型，检验了创业激情通过目标承诺的认知状况对创造性解决问题、持久性等行为的影响。对创业目标具有清晰认知的创业者更可能明确解释激情与行动的关系，具有激情的创业者更愿意花费时间和精力投入挑战性的目标行动（Seo et al.，2004；Baum & Locke，2004）。此外，有效的决策是创业的关键，创业环境的高度不确定性和不可预测性给创业者带来强烈的时间压力，个体产生的这种内在压力也可以引导具有积极情感的创业者迅速做出创业决策（Forgas & George，2001）。由此可见，无论从内部情感还是外部环境的角度，创业激情都能促使个体产生对自己所认可事业的强烈依附感，自愿的将精力和资源投入创业过程。

为激发个体创业激情对创业决策的内在驱动作用，创业者会在创建活动中试图投入更多的情感要素，以实现创业目标和创业成功。一方面，创业者的创业承诺会受到个体情感、动机等多种要素的共同作用，这其中包括个体对创业活动的创业激情；另一方面，创业者的创业承诺会对新企业创建活动及其长远发展产生重要影响。随着国家创新创业战略的不断推进，个体创业激情日益高涨，促使越来越多具有创业意愿的人积极参与到创业活动中。个体不断从传统观念中转变，鼓励个体积极参与创业活动，成为发展创新型经济和创新发展战略的重要内容。创业者的创业承诺会影响个体创业激情的传递，个体对参与创业的热情会激励个体不断地投入精力、资源等，为新创企业的开展奠定基础，同时提高了做出参与创业活动的可能性。基于此，本研究提出以下假设：

H4：创业承诺在创业激情与创业决策之间的关系具有中介作用。

3.3.3 创业意愿在创业激情与创业决策之间的中介作用

3.3.3.1 创业激情与创业意愿

创业激情作为一种动机因素，可以激发个体参与创业活动的意愿（Valle-rand，2002；方卓和张秀娥，2016）。因此，一些学者认为创业激情是个体是否愿意将机会转化为行动的决定性因素（Bird，1988；Brannback et al.，2006）。情感视角认为创业激情是一种情感体验，是在外界刺激下产生的一种心理状态，会影响个体认知和行为（乔建中，2008）。个体的积极情感体现了对所开展活动的强烈兴趣，创业者的情感越积极，对应的不确定性和挑战也就越有信心（Baum & Locke，2004）。创业激情不仅仅是短期的情绪，而是长期持久的情感表现，会激励创业者将积极的创业想法转变为行为意愿（Chen，2009）。创业激情是创业动机和意愿产生的核心要素，体现了个体对实现创业目标更高层次的追求。

情感视角认为创业激情是一种有意识、持续可获得的激情体验，富有创业激情的个体能够更好地认识创业者的身份，进而产生相应的行动方式（Cardon et al.，2009）。创业激情可以作用于个体的认知结构来影响创业意愿，创业激情能够刺激创业者认知的灵活性，敏锐的识别与机会相关的信息，提升对机会的利用和风险防范的意识（Shepherd，2003）。这种对外部环境的警觉性能力的提升，能够明显增强个体对自我控制力的评价，进而提升创业自信心。此外，创业激情能够激励个体通过学习知识、掌握相关技能增强创业能力，通过增强对创业成功的感知来提升对自我效能感的评价，进而增加对创业成功的信心，更愿意参与创业活动。通过创业学习可以影响个体对创业活动难易程度、社会价值及自我价值实现的感知，因此创业知识和经验的积累同样可以提升自己在资源、技术、市场等方面的获取能力，从而增强对创业可操作性的认知，提高创业意愿。

创业激情并不是创业者天生具有的特质，而是在其创业想法或行为获得认同情况下所形成的，包括他人或社会对创业者身份的接受与认可程度。身份认同是创业者对自身群体归属及所处群体的情感和价值意义的认知，是创业者作为群体成员的认知评价（Tajfel & Turner，1979），会影响创业者对行动的态度，并作用于行为意愿（Ajzen，1991）。创业者在创业过程中有三种身份，即创新者身份、创建者身份和发展者身份（Cardon et al.，2009），身份认同是创业者对自我身份的感知，是激发创业信心、提升创业意愿的有效途径。创新激情使具有创业想法的个体充分利用自身的网络资源，积极搜寻新的商业机会，通过筛选、评估等阶段发掘具有发展潜力的创业机会，对创业机会盈利性、自我价值较高的评价会激励潜在创业者产生较高的创业意愿。具有创建激情的个体希望能充分利用创业机会来创建新企业，这将引导创业者投入更多的情感、资源等，因此，对实现创业目标和创业成功具有更强的追求，更愿意投身创业。拥有发展激情的创业者会以实现企业发展壮大的目标激励自己，同时也会感染创业团队及员工，使整个新创企业具有强烈的发展意愿，实现持续发展活力。基于此，本研究提出以下假设：

H5：创业激情对创业意愿有正向影响作用。

H5a：创新激情对创业意愿有正向影响作用。

H5b：创建激情对创业意愿有正向影响作用。

H5c：发展激情对创业意愿有正向影响作用。

3.3.3.2 创业意愿与创业决策

个体的行为决策具有"倾向性"，创业意愿体现了个体对行为倾向的认知，是参与创业的愿望。因此，有着创业意愿的个体确信自己创建新企业的愿望，并且会关注和规划在合适的时间创建企业（Thompson，2009）。创业意愿强度对机会识别和开发活动有积极影响，这说明初始的目标动机在早期创业阶段起强烈的驱动作用。计划行为理论认为意愿对行为有预测作用（Ajzen，1991），而创业意愿是针对有计划的行为产生的信念倾向（Krueger & Carsrud，1993）。此外，研究表明创业意愿要比个体因素（个体特质、创业态度、个体感知）和外部因素（政治、经济、社会、文化等环境要素）对个体行为决策的预测作用更强 （Krueger et al. , 2000；Christian & Nikolaus, 2004；李永强等，2008）。

实证研究方面也检验了创业意愿对创业决策的作用，克鲁格（Krueger, 2000）认为创业活动是有意愿性、有计划的行为，并验证了作为创业行为重要组成部分的创业决策可以用个体创业意愿来解释。苏伊塔利斯和泽比纳蒂等（Souitaris & Zerbinati et al. , 2007）认为创业意愿是一种自我雇佣的心理状态，能够有效预测个体创业决策到行为发生的过程。伯格曼和斯坦伯格（Bergaman & Stemberg，2007）认为"诱发性事件"是引导创业意愿转化为实际创业行为的关键事件，是做出创业决策的重要转折点。国内关于创业意愿与创业决策关系的实证研究主要关注创业意愿对行动发生的预测性。范魏和王重鸣（2006）从创业意愿的创业希求性和创业可行性两个方面分析了创业意愿对创业行为的作用。钱永红（2007）认为创业意愿是创业活动发生的必要条件，只有具备了创业意愿才有可能做出参与创业的决策。姚晓莲（2014）研究发现大学生创业意愿越强，越有可能决定参与自主创业。方卓（2014）研究发现创业意愿强度决定了个体是否迅速将已识别的创业机会转化为商业活动，即创业意愿可以影响创业决策的形成过程。傅许坚和蒋雪芬（2016）认为创业决策本身是一种理性选择，创业决策的最后确定受到创业者本身对创业意愿的作用。潜在创业者创业意愿体现了个体今后打算创建企业的可能性，是个体对投身创业活动的参与程度和期望度。具有较高创业意愿的个体，会通过培养自己思维方式及吸收新知识的能力，为创业活动提供创新的认知渠道，是潜在创业者创业决策确定的基础。此外，通过决定参与某一行动前进行的详细计划的决策，能在发现机会时迅速地采取行动，快速地抓住创业机会，为之后创业活动的开展寻找具有潜力的机会。基于此，本研究提出以下假设：

H6：创业意愿对创业决策有正向影响作用。

3.3.3.3 创业意愿的中介作用

创业激情能够激发个体的创业意愿和创业动机，促进创业决策的制定与创业行为的发生（Thorgren et al. , 2014）。创业意愿的产生与增强是创业激情向创业实践决策转变的关键途径之一，创业激情有助于个体形成创建新企业的责任感和心理所有权，这有利于应对挑战，勇于尝试创新性的想法应用于创业实践。成就动机理论认为，成就动机是推动个体行为的基本动机之一，对个体行为有着广泛、深刻的影响，高成就动机者更倾向于坚持性、高绩效的活动（Weiner，1974）。在创业活动中，具有创业激情的个体对自身能力及成就有着较高的评价，因此会较为明显地受到成就动机驱动，促使个体更加愿意为实现成就目标和高绩效水平而积极投身创业活动。此外，当个体感知自身所处的创业环境有利于开展创业活动时，将会产生较强的创业意愿，并将创业作为一种最佳的职业选择（Linan，2008）。自由开放的创业环境可以为创业者提供发展的空间，同样个体也能迅速地感受到创业激情的感染，更加愿意将自身资源、精力投身创业活动。政府政策、金融支持、创业教育培训等要素的完善能够有效改善创业环境，提高个体创业意愿，使具有创业激情的潜在创业者做出积极的创业决策。较多研究认为创业意愿是个体对是否参与创业的一种主观态度，是预测创业行为发生的预测指标（范巍和王重鸣，2006），因此只有具有了创业意愿才有可能采取创业行动，个体创业决策受到创业意愿的驱动。

为实现个体创业激情对创业活动决策的影响，潜在创业者在识别机会、创建新企业及企业创业发展的意愿在该转化过程中发挥重要作用。由于创业活动的动态性和长期性，个体对创业目标实现强烈的情感表现会影响创业意愿，同时，创业意愿的强度会影响个体行为参与的倾向，进而影响创业决策（Ajzen，1991）。一方面，潜在创业者的创业意愿会受到来自自身情感和个体动机因素的影响，这其中包括创业激情和积极情感等；另一方面，潜在创业者的行为意愿及认知状况也对创业决策的制定产生影响，意愿是个体行为决策重要的预测变量（Krueger，2000）。随着国家对创新创业活动支持政策的不断推出，个体创业成为推动地区和国家经济发展的内驱力，各种形式的创业活动不断涌现。这种全民创业浪潮会激发更多青年创业者的激情，大学生思维较为活跃，更愿意接受新思想、新知识，更容易受到外部信息的冲击及创新创业思潮的感染。因此，大学生群体的创业激情表现更为突出，对创业意愿的促进作用可能更显著。此外，大学生群体具有较强的自我价值实现的追求，加之良好的理论知识储备，更有可能制定将创业想法和意愿转化为创业活动的决策，决定积极参与创业实践。基于此，本研究提出以下假设：

H7：创业意愿在创业激情与创业决策关系间起中介作用。

3.3.4 创业认同的调节作用

认同理论是解释个体行为的重要理论基础，涵盖了群体内部成员和整个群体的身份认同，是个体在特定环境中特定的价值观和信念（Tajfel & Turner，1979）。作为创业活动主体，认识到自己属于创业群体成员，同时也可以认识到创业群体成员带来的认可和价值意义。在此基础上，个体认同将影响行为决策过程，特别是职业选择（Abrams et al.，1998）。创业认同是对创业者角色的认知认同和情感认同，是将角色的外部表现内化的过程，是自我价值定位的表现（Hoang & Gimeno，2005）。个体对创业角色及价值的认识会影响行为方向，个体对创业所赋予意义的认识与创业行为紧密联系，因此，个体对创业的态度、信念和对行为的主观评价等在创业过程中是至关重要的。实证研究方面，现有研究从不同方面展现了创业认同在创业激情转化过程中的作用。莫尼克斯（Murnieks，2011）认为创业认同可以通过激发个体创业激情间接作用于创业活动的过程，其中内部动机、自我效能、积极情感会影响创业激情与创业活动参与之间的关系。奥布肖恩卡等（Obschonka et al.，2015）检验了创业者对自我角色的认同在创业意愿形成过程中的调节作用，认为创业认同是创业转变过程中驱动创业意愿产生的关键因素，且只在动机与意愿之间起调节作用。

创业初期个体的情感因素对创业决策的影响较为明显。潜在创业者对机会识别、新企业创建和企业成长等阶段的激情表现，会刺激个体在不同的阶段投入精力、时间、金钱和情感等资源，而个体对创业活动的认同感将会影响这一过程。具有较高创业认同的潜在创业者对创业活动的认识，主要来自周围群体的支持及对创业者角色的认识。因此，潜在创业者会充分挖掘自身资源、能力，对创业机会进行详细分析，尽量全面评估创业决策结果及促进或阻碍行为绩效的因素，这就需要创业者的行为信念和控制信念的支持。相反，对于具有较低创业认同的个体来说，个体需要进一步增加在识别机会、制定决策过程中的情感投入，创业激情对个体情感等承诺的影响较低，并不能触发个体对创业活动持续投入的承诺，因此，不能促进个体的创业承诺。

创业认同在创业意愿的形成过程中，个体产生积极的创业认同感是整个创业过程的关键驱动因素。在"大众创业、万众创新"成为国家经济发展新战略的主题下，个体对创业活动的认同感在创业实践过程中的影响非常显著。个体创业认同的形成会受到内外因素的连续性影响，进而构建内部自我认同和外部认同。创业认同会促使个体对创业活动产生清晰的意识，驱动个体积极参与的相关工作，如面对面的交流、资源投入等。创业激情是在对个体对创业者身份获得认同情况下产生的，个体属于创业者群体的情感认知会影响个体的行为参与动机，进而影响创业意愿。具有较高创业认同的个体，能够充分认识到自己作为创业者角色的责任和任务，能够将积极的情感投入创业活动，主动参与创业相关的活动。积极的创业认同会产生积极的自我评价与自我意识，良好的自我评价是提升创业动机的重要因素，会激励潜在创业者积极投身创业浪潮。相反，具有较低创业认同的个体，不能将个体强烈且积极的创业情感转化为参与创业活动的决策，对潜在创业者的激励作用较为不明显。基于此，本研究提出以下假设：

H8：创业认同正向调节创业激情与创业承诺间的关系。

H9：创业认同正向调节创业激情与创业意愿间的关系。

3.3.5 被调节的中介作用

以上研究提出了创业承诺在创业激情与创业决策之间的中介作用，以及创业认同对创业激情与创业承诺之间关系的调节效应。本研究进一步认为创业认同也调节了创业承诺对创业激情和创业决策的中介作用。具有创业激情的个体更相信自己可以识别到高潜力的创业机会，认为创业是更好的职业选择，更符合个体的价值取向，因此更可能决定创业。对于一个对自身创业者身份具有较高认同感的潜在创业者来说，创业激情对创业承诺的影响作用越大，创业激情对个体决定参与创业活动相关决策的间接作用也就越大。受创业激情驱动的个体，即使在面对困难甚至失败时更能坚持不懈，做出不断尝试新想法的决策，保持对最初创业想法的坚持，持续投入时间和精力。相反，对于一个具有较低创业认同的个体来说，创业激情对创业承诺的影响作用越小，即创业激情对决定是否参与创业活动的决策的间接激励作用也就越弱。基于此，本研究提出以下假设：

H10a：创业认同调节了创业激情通过创业承诺对创业决策产生的间接影响。

　　本研究认为创业意愿是创业激情与创业决策关系中的间接变量，创业认同在创业激情与创业意愿之间起调节作用。创业激情不仅仅是一种情感，而且是一种对自我价值的认同。创业激情能够增强个体认同感，有激情的个体更相信自己的目标是可以达到的，因此会选择设置更具挑战性的目标。经常性的创新活动锻炼，不仅增加了应对任务的能力，而且增强了对自身能力的认同，提升将自我能力转化为实践的积极性。对创业具有较高认同感的潜在创业者，更愿意将创业激情转化为行为意愿。在此基础上，较高的创业意愿能够激励个体积极参与创业活动，实现自我价值认同和创业目标。相反，创业认同较低的个体，即使在外部环境的刺激下产生较为强烈的创业激情，其将激情转化为实际参与创业意愿的可能性也会较低，因此，创业激情对创业决策参与的间接作用也会较弱。基于此，本研究提出以下假设：

　　H10b：创业认同调节了创业激情通过创业意愿对创业决策产生的间接影响。

第 4 章

研 究 方 法

前文对创业决策、创业激情、创业承诺、创业意愿和创业认同的内涵及相关研究进行了系统地梳理和分析，探究了以往研究不足和进一步研究方向，在理论推导基础上构建了本研究的理论框架和研究假设。本章内容包括访谈设计、调查问卷设计和预调研分析。访谈设计从研究的问题出发设计访谈提纲，注意访谈技巧，充分挖掘被访者的真实想法和感受。问卷设计是从定量角度出发，包括阐述研究中用于收集数据的问卷内容、变量测量方式、数据分析方法等内容。在此基础上，采用所设计问卷进行小样本的预调研，检验其测量的信度和效度状况，以确保实际调研问卷的有效性和可靠性。

4.1 访 谈 设 计

访谈法是与受访者面对面的交流，深入了解受访者的心理及行为状况，多用于社会科学领域的研究。访谈法具有不同的形式，结构型访谈和非结构型访谈是现有研究中应用较为普遍的方式。

结构型访谈通常会选择问卷调查的方式进行，而非结构型访谈通常选择面对面交流的方式进行。半结构化访谈通过直接交谈的方式收集相关信息，具有较高的灵活性和适应性，能够简单而叙述地收集多方面的信息，被广泛应用于管理学、社会学和心理学研究，特别是个性化研究。根据研究的特点和需要，本研究采用半结构化访谈，根据设置的访谈提纲，通过面对面的直接交谈，获得详细的访谈记录，并在此基础上对访谈内容进行细致的分析，探讨创业激情对大学生创业决策的影响。

4.1.1　访谈对象

为更深入的了解研究框架中各变量之间的关系，同时为获得被调查对象的第一手信息，了解大学生对创业的想法，本研究选取 15 名来自不同学校、不同专业的大学生为访谈对象。对象选取时遵循目的性抽样的原则，尽量做到男女比例均衡，其中大专生 5 名，本科生 5 名，研究生 5 名，具体信息如表 4.1 所示。通过深度访谈，从不同的大学生中获得不同的资料，进一步分析本研究变量之间的关系，为问卷调查的设计提供参考。

表 4.1　　　　　　　　　　　**访谈对象信息**

被访者序号	性别	年龄（岁）	学历	专业
A1	女	19	大专	医学
A2	女	21	大专	机械自动化
A3	男	21	大专	市场营销
A4	男	20	大专	新闻学
A5	女	18	大专	历史学
B1	男	21	本科	园艺学
B2	女	22	本科	金融学
B3	女	19	本科	法学
B4	男	23	本科	交通运输管理
B5	男	24	本科	土木工程
C1	女	26	研究生	企业管理

续表

被访者序号	性别	年龄（岁）	学历	专业
C2	男	25	研究生	软件工程
C3	女	27	研究生	信息管理
C4	男	29	研究生	农业科学与工程
C5	女	28	研究生	数量经济学

资料来源：本研究设计。

4.1.2　访谈的实施

深度访谈的目的是通过面对面的直接交流获得一手资料，对所研究的内容进行全面的了解和分析，寻找现实资料以支撑研究框架。本研究进行深度访谈的具体实施过程如下：

第一，访谈提纲。整个访谈过程以访谈提纲为依据，围绕个体对创业激情、创业意愿、创业承诺、创业认同及创业决策的认识展开访谈。调查者的提问方式和顺序要具有灵活性，对受访者的回答持开放态度。此外，根据这5个关键变量设计访谈提纲，但不仅仅局限于访谈提纲，可以根据受访者的情况深入挖掘相关信息。其中特别注意受访者多次提到的对创业的看法及对自我能力的评价，尽量了解受访者对创业活动的认识。

第二，访谈记录。在获得受访者同意的条件下，注意观察受访者的表情、动作、情绪变化等信息，并在访谈结束后进行整理，以保证一手资料的时效性。

第三，访谈时间和地点。访谈时间尽量保持在一个小时以内，访谈地点双方进行商讨决定。

第四，注意事项。在访谈开始前向受访者介绍访谈的目的和计划，介绍访谈的内容和意义，说明过程和结果的保密性。访问者应以谦虚平等的态度，亲切的语言，争取与受访者的合作。

4.1.3　访谈结果

通过对15名大学生的深度访谈，了解大学生对研究中相关变量内涵的理解，及对变量间关系的看法，初步评估研究框架的合理性，为设计调查问卷提供参考。因此，基于以上目标对受访者进行深度访谈，获得以下几方面的结果。

第一，根据简单的频次分析，访谈发现，大学生认为创业与识别商业机会、探索新想法的热情有密切的关系，有 9 名被调研者提到他们对寻找商业机会、探索解决问题的新方法非常感兴趣，并认为个人的奋斗精神在创业初期及创业过程中是非常重要的，而且创业也能一定程度上激发个体的奋斗精神，这个结论与先前研究非常相似。格力尼克等（Grichnik et al.，2010）将创业激情作为激发创业者奋斗热情的情感因素，对其最终是否做出创业的决策起到关键性作用。同时，大部分的被调查对象认为创业者对环境、市场需求和未来发展定位的关注程度是影响企业发展的关键因素，由此可知，个体的创业激情并不是短暂的，在创业过程中具有持久性的特点。此外，有 8 名被调研大学生认为如果今后创业，即使创业失败也不会放弃，会在这过程中积累经验，并且会积极地投入时间、精力和资源用于再次创业，竭尽全力的为实现创业目标而努力工作。这说明大学生在选择创业这一活动后，会表现出工作热情、坚持不懈（Tang，2008）。这种投入不仅关注创业初期的努力，而且参与企业创立和成功的行为（Roberts，Joseph & Harold，2010）。有 11 名的被调研大学生提到曾经认真地考虑以后是否去创业的问题，还有 3 名大学生认为要依据未来的职业发展状况来确定是否要创业。这说明大部分的大学生具有参与创业活动的愿望，因此也就可能在今后的生活和学习中关注与创业相关的信息，为以后的创业做准备。汤普森（Thompson，2009）指出，拥有创业意愿和信念的个体，会在未来的行动中积极收集创业资源，在合适的时间创建属于自己的企业。由此可见，大多数被调研对象认可创业激情在创业决策制定过程中的重要性，且资源和情感会深深嵌入创业的各个环节，同时也将激发具有创业意愿的大学生积极参与创业活动。

第二，初步明确了创业认同在创业活动初期的作用。有 11 名被调研大学生提到，家人和社会对创业的认识会影响对创业的认同感，而创业成功是展现自我价值较为有效的途径。这说明创业认同会受到周围环境特别是自我认知的影响，是个体认为属于某一社会群体或角色的一种自我反射信念（Obschonka et al.，2015）。访谈中有 13 名大学生认为个体价值不仅仅表现在创业活动当中，但创业想法的商业化是个体价值的重要表现形式之一。由此可知，个体的自我概念与创业者角色相关的关系可以帮助大学生理解"我是谁"的问题，对创业角色和价值的认同感能够激发创业者参与创业活动的积极性。

第三，根据访谈意见对题项进行修订。根据访谈过程中被调查者的陈述和意见，对某些题项提出修改意见。例如，创业承诺量表的持续承诺维度的CC3 题项，由原来的"我已经掌握了创业成功的技术和能力"改为"总体而言，我所掌握的技术和能力能够帮助我成功创业"；创业意愿的题项 EI6 由原来的"我打算创业"改为"我打算在未来的某一天创建一家自己的公司"。

通过半结构化访谈和结果分析，初步明确了研究模型的合理性。访谈结果表明，创业激情是创业决策制定的重要影响因素，创业承诺、创业意愿、创业认同等因素在两者关系中起重要作用。然而，本研究提出的各变量及内部潜在逻辑关系还需要更多的样本进行实证检验。

4.2 问 卷 设 计

问卷调研方法是一种收集相关资料的直接调查手段，以问题的形式了解被调查对象对问题的看法。首先，问卷法能够确保数据的有效性。可以尽量降低其他因素对调研对象真实意见的干扰，保证调查结果的可靠性，具有较高信度和效度的数据有利于对问题进行科学的分析。其次，问卷结果的及时性。通过纸质问卷，特别是电子问卷的方式，如问卷星、E-mail 等途径获得数据结果，统计结果可以直接量化。电子问卷的使用可以节约时间成本，提高后期数据处理的效率。此外，本研究是针对个体层面的、有针对性的调研，问卷方式可以更为直接的了解被调查对象的情况，一手数据更为直接可靠，因此，本研究采用问卷调研方式进行数据收集。

4.2.1 调研对象的选择

本研究对创业激情与创业决策之间关系进行分析，构念均针对个体，选择在校大学生为研究对象。根据前文关于大学生创业的分析，将研究对象范围界定为在校正在接受高等教育的大学生，包括大专生、本科生、硕士及以上。由于不同地域、不同专业都可能对大学生的创业决策产生影响，因此针对全国的创业活动指数，选择广东省、江西省、福建省、江苏省、山东省、河北省、陕西省、吉林省和黑龙江省的大学生进行调研。在专业方面，被调查者涵盖经管类、文史哲类、理工类、农医法类及其他专业，尽可能全面地调研不同专业背景大学生的创业状况。此外，对大学生感兴趣行业进行调查，分析其可能的创业方向及特点。

4.2.2　问卷设计过程

问卷调查结果的关键是问卷设计的合理性，在此基础上借鉴相关问卷研究方法，从以下几个步骤设计问卷。

第一，充分借鉴现有研究量表，设计问卷初稿。本研究借鉴国内外关于创业决策、创业激情、创业承诺、创业意愿和创业认同等变量具有良好信度和效度的量表，对量表内容进行归纳和总结，对变量进行操作化处理。在问卷初稿设计过程中结合实际环境对语言进行调整，确保问卷的适用性和可理解性。

第二，通过个体访谈，修订问卷。本研究引用国内外研究量表，由于文化、地域、语言等方面的差异，需要对问卷进行修订。通过与高校的多位大学生进行深入访谈和咨询，对问卷的设计、题项表述等方面进行探讨，确保问卷设计的科学性和语言的清晰表达，使问卷更加的符合中国情境下的研究。

第三，预调研。为确保问卷的有效性，避免正式调研中可能出现的问题，本研究以吉林省的部分大学为调研对象，进行小范围的预测试。根据调研对象的反馈，对问卷中进行修正，最终形成问卷终稿。

4.2.3　问卷结构

本研究问卷主要内容如下：第一，卷首语。主要向被调查者介绍调查者的身份，阐明调研的目的、内容等。此外，说明此次调研的匿名性和保密性原则，以保证被调查者如实填写问卷。第二，被调研者的基本信息。主要包括被调查者的性别、年龄、学历、专业和感兴趣行业等信息。第三，问卷。

对研究中所涉及变量进行测量。主要包括创业激情、创业承诺、创业意愿、创业认同、创业决策，对五个主要变量通过相应的题项进行测量。

4.3 变量设计与测量

根据上文的文献综述和理论基础，本部分针对研究中所涉及的变量进行量表的设计。将抽象化的变量转化为可操作化的定义是研究的关键环节，本研究中需要进行操作化定义的变量包括创业决策（ED）、创业激情（EP）、创业承诺（EC）、创业意愿（EI）和创业认同（ER）。测量方式上选择李克特五点计分法，"1～5"分别表示"完全不同意—完全同意"，个体针对自己的实际情况对相应构念的进行评价选择。

4.3.1 被解释变量

本研究的被解释变量为创业决策，国内外学者对其测量方式进行了广泛研究，创业决策的研究主要借鉴福拉尼和穆林斯（Forlani & Mullins，2000）和西蒙等（Simon et al.，1999）关于结果导向的研究，从新生创业者初次创业的研究视角，分析个体的创业决策。创业决策通常是在不确定性的条件下做出的决定，是创业活动是否开始的重要标志。本研究综合国内外学者对创业决策，主要借鉴西蒙等（Simon et al.，1999）、马昆姝（2009）、王淅勤等（2010）等人的研究衡量个体创业决策。具体题项如表4.2所示。

表 4.2   **创业决策的测量**

变量	题项	来源
创业决策（ED）	1. 我会在某个行业展开创业（ED1） 2. 我会为了在某个行业开展创业，而放弃其他职业选择（ED2） 3. 在以后某个时间，我会为了在某个行业创业而辞掉工作（ED3）	Simon et al.，1999 马昆姝，2009 王淅勤等，2010

资料来源：本研究整理。

4.3.2 解释变量

本研究的解释变量为创业激情，通过前文介绍可知关于创业激情的测量主要依据瓦勒兰和胡尔福特（Vallerand & Houlfort，2003）提出的激情的二元模型和卡登等（Cardon et al.，2009）从创业激情三阶段的划分。个体创业是一个要素投入和整合的动态过程，因此，从新创企业建立的不同阶段分析创业激情更符合本研究的视角。此外，创业激情三维度划分方面，针对每个阶段的创业者分别从情绪和身份认同两方面分析了激情的不同表现，能更加全面的了解个体的创业激情。布吕斯特等（Breugst et al.，2012）从创新激情、创建激情和发展激情三个角度，分析创业激情在管理者与团队成员之间的传递作用。卡登等（Cardon et al.，2012）通过收集不同时间点的数据，分析创业激情的非静态本质。卡登等（Cardon et al.，2013）进一步从动态的视角开发了创业激情的量表，从创新激情、创建激情、发展激情三个方面分析了创业激情对创业者创业持久性的作用。基于此，本研究借鉴卡登等（Cardon et al.，2013）的研究，利用创新激情、创建激情和发展激情三个维度 13 个条目的量表测量创业激情。具体题项如表 4.3 所示。

表 4.3   **创业激情的测量**

变量	维度	题项	来源
创业 激情 （EP）	创新激情 （IP）	1. 寻找到解决未满足市场需求，并将其商业化是非常令人兴奋的（IP1） 2. 寻找与产品或服务相关的新想法对我来说是非常愉快的（IP2） 3. 我有动力去找将现有的产品或服务进行改进的方法（IP3） 4. 在环境中寻找到新机会让我非常兴奋（IP4） 5. 探索解决问题新的方案是表明我身份的重要部分（IP5）	Cardon et al.， 2013
	创建激情 （FP）	6. 能够成立企业让我非常开心（FP1） 7. 拥有自己的企业使我充满奋斗的动力（FP2） 8. 将一个新企业培养成功是非常振奋人心的（FP3） 9. 企业创建者是表明我身份的重要部分（FP4）	
	发展激情 （DP）	10. 我真的非常想寻找到能够拓展产品或服务的员工（DP1） 11. 能够获得为企业发展有利的员工是非常重要的（DP2） 12. 提升员工和自我的素质保证企业的发展能够很好地激励我（DP3） 13. 培育和发展企业是我表明我身份的重要部分（DP4）	

资料来源：本研究整理。

4.3.3　中介变量

本研究的中介变量为创业承诺和创业意愿。创业承诺是将个体情感嵌入行为的因素，测量方法主要有客观和主观测量两种方式。客观测量方法中，库普费特（Kupfetherg，1998）通过对企业家进行访谈来了解个体的在职业选择时的创业承诺程度。另一种客观测量的方式是以个体在创业活动中投入的时间和精力的数量来衡量创业承诺。杨等（Yang et al.，2010）以创业者每周用于企业咨询、技术转让、衍生企业活动的时间来衡量创业承诺。主观测量方式中，唐金同（Tang，2008）在默德等（Mowday et al.，1979）、迈耶和赫赛维奇（Meyer & Herseovitch，2001）在组织承诺模型基础上，开发了创业激情的量表，从情感承诺、行为承诺、持续承诺三个方面衡量创业承诺。这种测量方式获得国内相关学者的验证，陶劲松（2009）利用该量表检验了多个行业创业者的创业承诺。基于此，本研究借鉴唐金同（Tang，2008）的研究，利用情感承诺、行为承诺和持续承诺三维度 8 个题项衡量创业承诺。具体题项如表 4.4 所示。

表 4.4　　　　　　　　　　　　创业承诺的测量

变量	维度	题项	来源
创业承诺（EC）	情感承诺（AC）	1. 如果这一创业设想并未成功，我愿意去其他企业里工作（AC1） 2. 即使这一创业设想并未成功，我也永远不会去其他企业为他人工作（AC2）	Tang，2008
	行为承诺（BC）	3. 我会尽最大的努力来建立我的公司（BC1） 4. 我个人的理念是"尽一切可能"，建立自己的公司（BC2）	
	持续承诺（CC）	5. 相比其他职业选择，我更愿意去开创自己的事业（CC1） 6. 创业将有助于我实现生活中的其他重要目标（CC2） 7. 总体而言，我的技术和能力能够帮助我成功创业（CC3） 8. 我相信我可以投入创业过程中需要的全部努力（CC4）	

资料来源：本研究整理。

另一个中介变量创业意愿是衡量个体参与创业活动动机程度的关键变量。根据前文所述，现有关于创业意愿的测量方式较多，但没有统一的方法。本研究主要从个体角度分析创业者的动机，探讨个体对创建新企业或参与创业活动的一种主观心理态度。利南和陈（Linan & Chen，2009）在陈等（Chen et al.，1998）和赵等（Zhao et al.，2005）研究基础上，开发了跨文化背景下创业意愿的测量量表，在测量个体层面的创业意愿方面存在良好的信度和效度。在之后的研究中，李海翔（2012）将该量表应用于大学生样本的研究，其测量结果良好。本研究以具有较强创新性的大学生为研究对象，为提高研究的科学性，将借鉴利南和陈（Linan & Chen，2009）开发的跨文化背景的多题项量表，测量在创业激情影响下大学生创业意愿的状况。具体题项如表 4.5 所示。

表 4.5 创业意愿的测量

变量	题项	来源
创业意愿 （EI）	1. 我已经为成为创业者做好了所有的准备（EI1） 2. 我的职业目标是成为一名创业者（EI2） 3. 我将尽一切努力创办并经营一家公司（EI3） 4. 我下定决心要在未来创建一个公司（EI4） 5. 我很认真思考过，在未来要创建一家公司（EI5） 6. 我打算在未来的某一天创建一家自己的公司（EI6）	Chen et al.，1998 Zhao et al.，2005 Linan & Chen，2009

资料来源：本研究整理。

4.3.4 调节变量

本研究的调节变量为创业认同，是个体对创业者角色及价值的认同感。国内外关于创业认同的研究还处于初级阶段，基钦塔等（Kitching et al.，2014）分析身体语言和非语言表现在个体创业认同形成中的作用。半结构式访谈或行为观察方式，容易受到研究人员主观判断的影响，因此定量研究更为客观的衡量创业承诺。为此，本研究采用现有实证研究中运用较为广泛的奥布肖恩卡等（Obschonka et al.，2015）研究，以创业者为核心的 3 个问项的创业认同量表。具体题项如表 4.6 所示。

表 4.6   创业认同的测量

变量	题项	参考
创业认同 （ER）	1. 将行为参与的想法商业化不符合我的自我概念（ER1） 2. 将行为参与的想法商业化对我来说完全是陌生的（ER2） 3. 将行为参与的想法商业化适合我，而且与自我价值和现在发展形势相符（ER3）	Obschonka et al.， 2015

资料来源：本研究整理。

4.3.5 控制变量

根据前文对创业激情与创业决策的关系研究，本研究选择性别、年龄、学历、专业为控制变量，分析各因素对创业激情向创业决策转化过程的影响，以往研究证实这些变量对个体创业有显著影响（Martin et al.，2012；Cardon et al.，2013）。性别分类中，"1"代表男生，"2"代表女生；年龄划分为五组，"1"代表 20 岁以下，"2"代表 21～25 岁，"3"代表 26～30 岁，"4"代表 31～35 岁，"5"代表 36 岁以上；学历划分成三组，"1"代表大专，"2"代表本科，"3"代表硕士及以上；专业划分成五组，"1"代表经管类，"2"代表文史哲类，"3"代表理工类，"4"代表农医法类，"5"代表其他。本研究在进行回归分析时，将控制变量虚拟化处理后进行假设检验。

4.4 数据分析方法

4.4.1 描述性统计分析

描述性统计分析是进行假设检验的基础，说明被调查对象及各变量的基本情况。本研究主要针对样本的性别、年龄、专业、学历、感兴趣行业等方面对样本进行描述性统计分析。通过频数、占比、累计百分比等指标来描述，通过分析数据特征，了解样本的分布、离散程度等特点（吴明隆，2010）。同时，对各题项的均值、标准差、方差、偏度、峰度等进行描述性统计分析，检验数据的分布情。因此，本研究根据样本的特征，对大学生样本和各变量的调查数据进行描述性统计分析，为解释样本特征与各变量的相关关系提供支持。

4.4.2 信度和效度分析

信度和效度是检验研究中使用量表的质量水平。信度反映了测量工具的一致性和稳定性，通常采用 Cronbach's Alpha 值对各量表进行信度检验，如果 Cronbach's Alpha 的值大于 0.7，则说明量表的内部一致性良好。效度一般包括内容效度、聚合效度和判别效度，衡量测量题项的准确性（Gregory，1992）。研究中一般采用对问卷发放及预调研对问卷内容的调整来说明内容效度。聚合效度方面，主要通过 SPSS 软件获得题项的因子载荷，及复合信度（CR）和平均变异抽取量（AVE）来衡量。通常情况下，最小因子载荷大于 0.7，表明变量的聚合信度良好。判别效度方面，主要采用计算出的每一潜变量的平均方差提出值（AVE）的平方根，如果各变量的平均方差提出值（AVE）的平方根大于该变量与其他变量的相关系数，说明量表具有良好的判别效度。此外，根据各因子模型其拟合度指数，可以判断该研究模型的判别效度。

4.4.3 相关分析和回归分析

分析两个或两个以上变量之间相互关系的分析被称作是相关分析，最常用的指标是 Pearson 系数，体现了两个变量之间的紧密程度，取值在 −1 和 +1 之间。通过相关分析可知各变量之间的相关关系状况，为明确变量之间的关系程度和作用方向，需要进一步的回归分析。

回归分析中是明确各变量之间的因果关系，通过构建回归方程，以检验二者的因果关系。回归分析中，要将虚拟化后的控制变量加入回归模型中，主要依据 t 检验和 F 检验来分析回归模型的显著性，通常情况下 $p < 0.05$，说明 t 检验的回归系数显著。F 检验通常选择 F 值与调整后 R 方值（Adj. R^2）两个指标进行评估。中介效应采用层次回归和 Sobel 检验方法进行检验（Baron & Kenny，1986；温忠麟等，2014）。调节效应检验中需将变量中心化后，

并将控制变量也加入模型中进行回归分析，进而检验调节效应。

4.4.4　Bootstrap 分析

当由中介变量连接自变量和因果变量之间关系的中介过程受到调节变量影响时，被调节的中介效应便产生。该种情况下将运用 Bootstrap 法分析有调节的中介效应检验。该方法是将样本总体进行多次重复抽样进行分析，通常情况下抽取 1000 次数据，并采用 SPSS 19.0 和 Excel 2010 工具进行分析。

4.5　预调研及量表因子分析

本研究在正式发放问卷前，为进一步确保量表的有效性，进行小范围的预调研。本次调研从 2016 年 8 月开始，针对吉林省的部分大学生进行为期 15 天的预调研，共发放 150 份问卷，回收 148 份，剔除无效问卷后，获得有效问卷 141 份。因此，根据现有数据对变量进行探索性因子分析，以检验各量表的信度和效度。

量表的信度采用 Cronbach's Alpha 系数、各题项多元相关平方值（SMC）、CITC 为标准进行检验，Cronbach's Alpha 系数要大于 0.7，并且 SMC 值大于 0.4，CITC 值要达到 0.3。量表的效度检验采用 KMO 和 Bartlett 球体检验，KMO 值大于 0.5（吴明隆，2003），Bartlett 球体检验对应的概率值小于显著性水平时，量表可以进行因子分析。利用主成分分析法和最大方差旋转法进行因子分析，因子载荷要大于 0.5。本研究根据以上指标检验量表的可靠性和有效性。

4.5.1　创业决策量表检验

创业决策量表的信度检验结果如表 4.7 所示。检验结果表明，量表的 Cronbach's Alpha 系数为 0.862，且各题项的 CITC 值大于 0.3、SMC 值大于 0.4，这表明创业决策量表存在良好的内部一致性。

表 4.7　　　　　　　　　　**创业决策量表的信度分析**

项目	Scale Mean if Item Deleted	Scale Variance if Item Deleted	Corrected Item-Total Correlation	Squared Multiple Correlation	Cronbach's Alpha if Item Deleted	Cronbach's Alpha
ED1	6.61	3.982	0.730	0.544	0.814	
ED2	7.04	3.670	0.715	0.516	0.830	0.862
ED3	6.77	3.748	0.772	0.598	0.774	

资料来源：本研究设计。

利用探索性因子分析检验创业决策量表的效度，分析结果如表 4.8 所示。检验结果表明，创业决策量表的 KMO 值为 0.730，Bartlett 球体检验显著性水平小于 0.05，这说明量表比较适合进行的因子分析。

表 4.8　　　　**创业决策（ED）量表的 KMO 和 Bartlett 检验结果**

Kaiser-Meyer-Olkin Measure of Sampling Adequacy		0.730
Bartlett's Test of Sphericity	Approx. Chi-Square	197.079
	df	3
	Sig.	0.000

资料来源：本研究设计。

利用主成分分析和最大方差旋转法，将特征根大于 1 的因子进行提取，因子结构如表 4.9 所示。因子分析提取了 1 个特征根大于 1 的因子，且题项在相应因子上的载荷均大于 0.5，因子特征根为 2.355，累计解释了原有量表题项 78.497% 的方差变异。此外，各题项的共同解释度均在 0.6 以上，这些说明创业决策量表具有良好的效度。

表 4.9　　　　　　　　　　**创业决策量表的因子分析结果**

项目	因子	共同度
ED1	0.882	0.777

续表

项目	因子	共同度
ED2	0.872	0.760
ED3	0.904	0.818
特征根	2.355	
方差解释百分比	78.497%	
累计方差解释百分比	78.497%	

资料来源：本研究设计。

4.5.2 创业激情量表检验

对创业激情量表进行信度检验，分析结果如表 4.10 所示。检验结果表明，量表的 Cronbach's Alpha 系数为 0.939，且各题项的 CITC 值大于 0.3、SMC 值大于 0.4。这说明本研究所采用的创业激情量表的可靠性水平是可以接受的。

表 4.10　　　　　　　　　创业激情量表的信度分析

项目	Scale Mean if Item Deleted	Scale Variance if Item Deleted	Corrected Item-Total Correlation	Squared Multiple Correlation	Cronbach's Alpha if Item Deleted	Cronbach's Alpha
IP1	47.99	68.679	0.681	0.601	0.935	
IP2	48.08	65.958	0.812	0.753	0.931	
IP3	48.28	68.262	0.688	0.704	0.935	
IP4	48.05	67.148	0.741	0.734	0.933	
IP5	48.18	68.318	0.673	0.576	0.935	0.939
FP1	48.01	65.093	0.777	0.887	0.932	
FP2	47.96	66.270	0.760	0.898	0.932	
FP3	47.86	66.380	0.810	0.774	0.931	
FP4	48.27	67.741	0.656	0.619	0.936	

续表

项目	Scale Mean if Item Deleted	Scale Variance if Item Deleted	Corrected Item-Total Correlation	Squared Multiple Correlation	Cronbach's Alpha if Item Deleted	Cronbach's Alpha
DP1	48.01	69.343	0.673	0.588	0.935	
DP2	47.80	69.346	0.671	0.682	0.935	0.939
DP3	47.90	68.676	0.671	0.665	0.935	
DP4	48.04	69.820	0.639	0.568	0.936	

资料来源：本研究设计。

通过 KMO 和 Bartlett 球体检验分析创业激情量表的因子分析的可行性，分析结果如表4.11所示。分析结果显示创业激情量表的 KMO 系数为0.892，大于0.7，且 Bartlett 球体检验显著性水平小于0.05，这说明量表比较合适进行因子分析。

表4.11　　　　　**创业激情量表的 KMO 和 Bartlett 检验结果**

Kaiser-Meyer-Olkin Measure of Sampling Adequacy		0.892
Bartlett's Test of Sphericity	Approx. Chi-Square	1521.922
	df	78
	Sig.	0.000

资料来源：本研究设计。

利用主成分分析和最大方差旋转法，将特征根大于1的因子进行提取，因子结构如表4.12所示。分析结果显示，创业激情量表的各题项旋转后得到3个特征根大于1的因子，因子特征根分别为3.450、3.317、3.109，且题项在相应因子上的载荷均大于0.5，绝大部分题项的共同度均在0.6以上。3个因子分别解释了原有量表各项26.539%、25.518%、23.912%的方差变异，这说明创业激情量表具有良好的效度。

表 4. 12   **创业激情量表的因子分析结果**

项目	因子			共同度
	IP	FP	DP	
IP1	0. 688	0. 163	0. 413	0. 671
IP2	0. 678	0. 370	0. 416	0. 770
IP3	0. 863	0. 200	0. 187	0. 820
IP4	0. 760	0. 409	0. 168	0. 773
IP5	0. 712	0. 330	0. 187	0. 651
FP1	0. 283	0. 875	0. 250	0. 907
FP2	0. 218	0. 894	0. 271	0. 920
FP3	0. 363	0. 741	0. 356	0. 808
FP4	0. 385	0. 641	0. 182	0. 593
DP1	0. 153	0. 422	0. 708	0. 702
DP2	0. 231	0. 216	0. 842	0. 808
DP3	0. 198	0. 273	0. 822	0. 789
DP4	0. 403	0. 119	0. 697	0. 663
特征根	3. 450	3. 317	3. 109	
方差解释百分比	26. 539%	25. 518%	23. 912%	
累计方差解释百分比	75. 969%			

资料来源：本研究设计。

4.5.3　创业承诺量表检验

创业承诺量表的信度检验结果如表 4.13 所示。分析结果显示，量表的 Cronbach's Alpha 系数为 0.844，大于 0.7，且各题项的 CITC 值大于 0.3、SMC 值大于 0.4，这说明创业激情量表具有较高的可靠性水平。

本研究采用探索性因子分析的方法检验创业承诺量表的信度，表 4.14 显示的是创业承诺量表的 KMO 和 Bartlett 球体检验结果，结果显示创业承诺量表的 KMO 系数为 0.757，大于 0.7，且 Bartlett 球体检验显著性水平小于 0.05，这说明量表比较合适进行因子分析。

表 4.13　　　　　　　　　　　创业承诺量表的信度分析

项目	Scale Mean if Item Deleted	Scale Variance if Item Deleted	Corrected Item-Total Correlation	Squared Multiple Correlation	Cronbach's Alpha if Item Deleted	Cronbach's Alpha
AC1	24.88	21.764	0.404	0.388	0.844	
AC2	25.59	20.087	0.475	0.439	0.839	
BC1	25.03	20.671	0.455	0.390	0.840	
BC2	25.21	19.883	0.539	0.460	0.831	0.844
CC1	25.08	17.987	0.756	0.695	0.802	
CC2	24.83	19.114	0.650	0.593	0.817	
CC3	25.28	18.362	0.686	0.610	0.811	
CC4	24.96	18.749	0.654	0.580	0.816	

资料来源：本研究设计。

表 4.14　　　　　　　创业承诺的 KMO 和 Bartlett 检验结果

Kaiser-Meyer-Olkin Measure of Sampling Adequacy		0.757
Bartlett's Test of Sphericity	Approx. Chi-Square	507.518
	df	28
	Sig.	0.000

资料来源：本研究设计。

利用主成分分析和最大方差旋转法，将特征根大于 1 的因子进行提取，因子结构如表 4.15 所示。分析结果显示，创业承诺量表的各题项旋转后得到 3 个特征根大于 1 的因子，因子特征根分别为 2.937、1.641、1.611，且题项在相应因子上的载荷均大于 0.5，题项的共同度均在 0.6 以上。3 个因子分别解释了原有量表各项 36.718%、20.509%、20.137% 的方差变异，这说明创业激情量表具有良好的效度。

表 4. 15　　　　　　　　　创业承诺量表的因子分析结果

项目	因子			共同度
	AC	BC	CC	
AC1	0. 886	0. 079	0. 128	0. 807
AC2	0. 832	0. 193	0. 198	0. 769
BC1	0. 139	0. 880	0. 129	0. 810
BC2	0. 270	0. 825	0. 143	0. 773
CC1	0. 163	0. 253	0. 847	0. 808
CC2	0. 223	0. 050	0. 828	0. 737
CC3	0. 136	0. 165	0. 843	0. 757
CC4	0. 051	0. 223	0. 822	0. 728
特征根	2. 937	1. 641	1. 611	
方差解释百分比	36. 718%	20. 509%	20. 137%	
累计方差解释百分比	77. 364%			

资料来源：本研究设计。

4. 5. 4　创业意愿量表检验

创业意愿量表的信度分析如表 4. 16 所示，检验结果显示，量表的 Cronbach's Alpha 系数为 0. 940，大于 0. 7，且各题项的 CITC 值大于 0. 3、SMC 值大于 0. 4，这说明该量表的信度良好。

表 4. 16　　　　　　　　　创业意愿量表的信度分析

项目	Scale Mean if Item Deleted	Scale Variance if Item Deleted	Corrected Item-Total Correlation	Squared Multiple Correlation	Cronbach's Alpha if Item Deleted	Cronbach's Alpha
EI1	16. 95	21. 505	0. 727	0. 588	0. 939	
EI2	16. 77	20. 266	0. 846	0. 776	0. 925	
EI3	16. 68	19. 705	0. 891	0. 845	0. 919	0. 940
EI4	16. 65	19. 286	0. 904	0. 843	0. 917	

续表

项目	Scale Mean if Item Deleted	Scale Variance if Item Deleted	Corrected Item-Total Correlation	Squared Multiple Correlation	Cronbach's Alpha if Item Deleted	Cronbach's Alpha
EI5	16. 53	20. 222	0. 806	0. 724	0. 930	0. 940
EI6	16. 35	21. 128	0. 741	0. 628	0. 938	

资料来源：本研究设计。

对创业意愿量表进行 KMO 和 Bartlett 球体检验，分析结果如表 4.17 所示。检验结果表明，创业决策量表的 KMO 值为 0.892，Bartlett 球体检验显著性水平小于 0.05，这说明量表比较适合进行因子分析。

表 4. 17　　　　　　创业意愿量表的 KMO 和 Bartlett 检验结果

Kaiser-Meyer-Olkin Measure of Sampling Adequacy		0. 892
Bartlett's Test of Sphericity	Approx. Chi-Square	798. 650
	df	15
	Sig.	0. 000

资料来源：本研究设计。

利用主成分分析和最大方差旋转法，将特征根大于 1 的因子进行提取，因子结构如表 4.18 所示。因子分析提取了 1 个特征根大于 1 的因子，且题项在相应因子上的载荷均大于 0.5，因子特征根为 4.615，累计解释了原有量表题项 76.912% 的方差变异。此外，各题项的共同解释度均在 0.6 以上，这些说明创业意愿量表具有良好的效度。

表 4. 18　　　　　　创业意愿量表的因子分析结果

项目	因子	共同度
EI1	0. 806	0. 650
EI2	0. 898	0. 807

续表

项目	因子	共同度
EI3	0.930	0.865
EI4	0.938	0.880
EI5	0.866	0.750
EI6	0.814	0.663
特征根	4.615	
方差解释百分比	76.912%	
累计方差解释百分比	76.912%	

资料来源：本研究设计。

4.5.5　创业认同量表检验

创业认同量表的信度检验结果如表 4.19 所示。检验结果表明，量表的 Cronbach's Alpha 系数为 0.809，且各题项的 CITC 值大于 0.3、SMC 值大于 0.4，这表明创业认同量表具有较好的信度。

表 4.19　　　　　　　创业认同量表的信度分析

项目	Scale Mean if Item Deleted	Scale Variance if Item Deleted	Corrected Item-Total Correlation	Squared Multiple Correlation	Cronbach's Alpha if Item Deleted	Cronbach's Alpha
ER1	6.62	2.036	0.639	0.418	0.759	
ER2	6.75	1.902	0.710	0.504	0.682	0.809
ER3	6.52	2.265	0.631	0.410	0.768	

资料来源：本研究设计。

利用探索性因子分析检验创业认同量表的效度，分析结果如表 4.20 所示。检验结果表明，创业认同量表的 KMO 值为 0.702，Bartlett 球体检验显著性水平小于 0.05，这说明量表比较适合进行下一步的因子分析。

表 4.20　　　　　创业认同量表的 KMO 和 Bartlett 检验结果

Kaiser-Meyer-Olkin Measure of Sampling Adequacy		0.702
Bartlett's Test of Sphericity	Approx. Chi-Square	140.635
	df	3
	Sig.	0.000

资料来源：本研究设计。

利用主成分分析和最大方差旋转法，将特征根大于 1 的因子进行提取，因子结构如表 4.21 所示。因子分析提取了 1 个特征根大于 1 的因子，且题项在相应因子上的载荷均大于 0.5，因子特征根为 2.174，累计解释了原有量表题项 72.461% 的方差变异。此外，各题项的共同解释度均在 0.6 以上，这些说明创业认同量表具有良好的效度。

表 4.21　　　　　创业认同量表的因子分析结果

项目	因子	共同度
ER1	0.838	0.702
ER2	0.882	0.777
ER3	0.834	0.695
特征根	2.174	
方差解释百分比	72.461%	
累计方差解释百分比	72.461%	

资料来源：本研究设计。

第 5 章

实证分析与结果讨论

本章在理论综述、研究假设和理论框架基础上，对变量关系进行实证检验，包括样本和变量的描述性统计分析、信效度检验、共同方法偏差检验、相关分析和回归分析。在回归分析中，首先，通过层次回归方法检验中介效应（Baron & Kenny，1986；温忠麟等，2014），逐步检验创业承诺、创业意愿在创业激情与创业决策关系中的中介效应；其次，通过增加创业激情与创业认同的交互项，检验创业认同在创业激情与创业承诺、创业激情与创业意愿关系中的调节效应；最后，在此基础上，运用 Bootstrap 法检验创业认同被调节的中介效应。

5.1　描述性统计分析

本研究选择大学生群体为研究对象，根据调研对象的特点和可操作性，采用问卷星、微信、E-mail、发放纸质问卷等方式收集数据。通过小样本的预调研进一步检验所采用量表的信度和效度，并对题项进行反复修正最终形成正式问卷。

对广东省、江西省、福建省、江苏省、山东省、河北省、陕西省、吉林省和黑龙江省等九省的大学生进行问卷调研。此次调查问卷采用匿名方式填写，以避免他人意见的干扰，并确保问卷的机密性和真实性。本研究共发放问卷 1500 份，回收 1224 份，剔除不完整和无效问卷 98 份，有效问卷共 1126 份，问卷有效回收率 75.07%。为清晰了解样本的整体情况，本部分将对被调研大学生的性别、年龄、学历、专业、感兴趣行业等样本信息进行描述性统计，同时对创业决策、创业激情、创业承诺、创业意愿、创业认同等相关变量进行描述性统计分析。

5.1.1　样本的描述性统计分析

5.1.1.1　性别

不同性别的创业者在思维方式、行为逻辑方面存在差异，这可能影响创业想法的转化过程，因此，创业者的性别分布成为创业研究中重点关注的个体特征之一。被调研大学生的性别分布状况如表 5.1 所示。其中男性占 42.2%，女性占 57.8%，由此可见，受访者在性别分布基本上均等，避免了性别差异对创业活动参与的影响。

表 5.1　　　　　　　　　　　性别分布

性别	频数	占比（%）	累计占比（%）
男	475	42.2	42.2
女	651	57.8	100.0

资料来源：本研究设计。

5.1.1.2　年龄

样本年龄分布如图 5.2 所示，样本中 20 岁以下的占 38.5%，21 ~ 25 岁的占 55.1%，26 ~ 30 岁的占 3.7%，31 ~ 35 岁的占 2.1%，36 岁以上的占 0.6%。由数据结果可以看出，大学生的年龄分布相对集中，主要在 20 岁以下和 21 ~ 25 岁。由于这一阶段的大学生思维较为活跃，新思想、新知识在群体中的传递和接受程度较高，且容易受到外部信息的冲击及创新创业思潮的感染。因此，大学生群体的创业激情表现更为突出，对创业活动参与的作用也更为明显。

表5.2 年龄分布

年龄	频数	占比（％）	累计占比（％）
20 岁以下	433	38.5	38.5
21～25 岁	620	55.1	93.6
26～30 岁	42	3.7	97.3
31～35 岁	24	2.1	99.4
36 岁以上	7	0.6	100.0

资料来源：本研究设计。

5.1.1.3　学历

对样本学历的描述如表5.3所示，大专占17.1％，本科占63.7％，硕士及以上占19.2％。全球创业观察指出，青年创业者成为创业的主要群体，且我国大学生创业比例不断增加。因此，分析大学生群体在创业活动中的表现及参与创业的积极性，能够为政府制定鼓励大学生创业政策提供依据。

表5.3 受教育程度分布

受教育程度	频数	占比（％）	累计占比（％）
大专	193	17.1	17.1
本科	717	63.7	80.8
硕士及以上	216	19.2	100.0

资料来源：本研究设计。

5.1.1.4　专业

样本在选取的过程中尽量保持专业的均衡性，以避免由于大学生所学专业的背景对创业认识的差异。样本的专业分布如表5.4所示，经管类占

28.0%，文史哲类占 17.7%，理工类占 22.1%，农医法类占 17.9%，其他占 14.3%。

表 5.4 专业分布

专业	频数	占比（%）	累计占比（%）
经管类	315	28.0	28.0
文史哲类	199	17.7	45.7
理工类	249	22.1	67.8
农医法类	201	17.9	85.7
其他	162	14.3	100.0

资料来源：本研究设计。

5.1.1.5 感兴趣行业

本研究还关注被调研大学生如果打算创业，比较感兴趣的行业的分布，如表 5.5 所示，计算机服务和软件业占 21.6%，商业服务业占 18.7%，教育培训业占 12.5%，科学研究和技术服务业占 10.1%，这四个行业占所有样本的 62.9%，由此可见，大学生创业更倾向于知识和信息密集型的产业，这与大学生的自身优势紧密相关。因此，选择这些行业更能发挥大学生的特点，更利于创业活动的顺利进行及企业的长远发展。

表 5.5 感兴趣行业分布

行业	频数	占比（%）	累计占比（%）
制造业	27	2.4	2.4
交通运输和仓储业	43	3.8	6.2
房地产业	11	1.0	7.2
计算机服务和软件业	243	21.6	28.8
住宿和餐饮业	47	4.2	33.0
商务服务业	211	18.7	51.7
批发和零售业	202	17.9	69.6

续表

行业	频数	占比（%）	累计占比（%）
金融保险业	10	0.9	70.5
教育培训业	141	12.5	83.0
科学研究和技术服务业	114	10.1	93.1
医疗卫生业	8	0.7	93.8
文化、体育和娱乐业	57	5.1	98.9
其他	12	1.1	100.0

资料来源：本研究设计。

5.1.2　变量的描述性统计分析

本研究对各变量及其维度进行描述性统计分析，从各题项的均值、标准差、方差、偏度、峰度等方面检验了数据的分布情况，结果如表5.6所示。统计结果显示，各变量的数据特征存在的偏差在可控范围内，因此可对数据进行进一步的分析。

表5.6　　　　　　　　各变量的描述性统计

变量	题项	均值	标准差	方差	偏度	峰度
创业决策 （ED）	ED1	3.59	0.807	0.652	-0.302	0.182
	ED2	3.17	0.924	0.854	0.073	-0.600
	ED3	3.39	0.896	0.802	-0.093	-0.208
创业激情 （EP）	IP1	3.99	0.888	0.788	-0.768	0.636
	IP2	4.08	0.850	0.722	-0.896	1.010
	IP3	3.85	0.832	0.692	-0.183	-0.435
	IP4	4.16	0.833	0.694	-0.910	0.880
	IP5	3.91	0.894	0.798	-0.628	0.227
	FP1	4.17	0.908	0.824	-0.980	0.604
	FP2	4.25	0.873	0.763	-1.178	1.404
	FP3	4.33	0.844	0.712	-1.251	1.470

续表

变量	题项	均值	标准差	方差	偏度	峰度
创业激情（EP）	FP4	3.96	0.907	0.823	− 0.588	− 0.078
	DP1	4.17	0.831	0.691	− 0.882	0.714
	DP2	4.37	0.777	0.604	− 1.203	1.413
	DP3	4.26	0.812	0.659	− 1.064	1.185
	DP4	3.83	0.848	0.720	− 0.278	− 0.249
创业承诺（EC）	AC1	2.81	0.882	0.778	0.316	− 0.493
	AC2	2.83	0.979	0.958	− 0.010	− 0.627
	BC1	3.75	0.934	0.873	− 0.404	− 0.219
	BC2	3.39	0.956	0.915	0.601	− 0.339
	CC1	3.60	0.901	0.812	− 0.008	− 0.481
	CC2	3.81	0.839	0.705	− 0.449	0.119
	CC3	3.27	0.874	0.765	0.165	− 0.045
	CC4	3.78	0.854	0.729	− 0.294	− 0.201
创业意愿（EI）	EI1	2.88	0.871	0.759	0.430	0.217
	EI2	3.24	0.950	0.903	0.155	− 0.496
	EI3	3.36	0.926	0.858	0.073	− 0.379
	EI4	3.28	0.927	0.859	0.166	− 0.293
	EI5	3.36	0.951	0.904	0.116	− 0.579
	EI6	3.57	0.910	0.828	− 0.167	− 0.357
创业认同（ER）	ER1	3.30	0.751	0.565	0.146	− 0.023
	ER2	3.27	0.792	0.627	0.505	− 0.238
	ER3	3.34	0.747	0.558	0.159	− 0.049

资料来源：本研究设计。

5.2 信度与效度分析

5.2.1 信度分析

本研究利用 SPSS 19.0 进行信度检验，以 Cronbach's Alpha 值作为衡量标准，结果如表 5.7 所示。Cronbach's Alpha 值大于 0.70 是管理学研究中普遍认为的信度评价标准。分析结果显示，创业决策、创业激情、创业承诺、创业意愿和创业认同等构念的 Cronbach's Alpha 值均大于 0.7，且删除任何一个题项都不能显著提高 Cronbach's Alpha 值，同时创业激情与创业承诺各维度的 Cronbach's Alpha 值均大于 0.7，由此可知量表的整体信度较高，内部一致性良好。

表 5.7　　　　　　　　　　　信度分析

构念	维度	题项数	维度的 Cronbach's Alpha	变量的 Cronbach's Alpha
创业决策 （ED）	—	3	—	0.815
创业激情 （EP）	创新激情 （IP）	5	0.823	0.905
	创建激情 （FP）	4	0.850	
	发展激情 （DP）	4	0.814	
创业承诺 （EC）	情感承诺 （AC）	2	0.720	0.769
	行为承诺 （BC）	2	0.777	
	持续承诺 （CC）	4	0.786	

续表

构念	维度	题项数	维度的 Cronbach's Alpha	变量的 Cronbach's Alpha
创业意愿 （EI）	—	6	—	0.912
创业认同 （ER）	—	3	—	0.778

资料来源：本研究设计。

5.2.2 效度分析

本研究主要从内容效度、建构效度、聚合效度和判别效度四个方面进行效度分析。研究采用国内外较为成熟的量表，为确保问卷的准确性，在正式发放前进行预调研，对问卷题项进行反复修正，因此量表具有良好的内容效度。运用 SPSS 19.0 对样本进行因子分析，表 5.8 分析结果显示，变量和各维度的 KMO 值均大于 0.7，累计方差解释度最小值为 59.065%。且表 5.9 结果显示，大多数变量及维度的最小因子载荷大于 0.7，说明该量表具有良好的建构效度。

表 5.8 　　　　　　　　　　　因子分析

变量	Cronbach's Alpha	KMO 值	Total variance explained（%）
创业决策	0.815	0.710	73.078
创新激情	0.823	0.795	59.065
创建激情	0.850	0.755	69.370
发展激情	0.814	0.781	64.440
情感承诺	0.720	0.715	68.250
行为承诺	0.777	0.732	61.787
持续承诺	0.786	0.766	60.967
创业意愿	0.912	0.904	69.427
创业认同	0.778	0.710	73.078

资料来源：本研究设计。

表 5. 9 　　　　　　　　　　　　　各构念的 **CR** 和 **AVE** 值

变量	题项	因子载荷	CR	AVE
创业决策	ED1	0.828	0.891	0.731
	ED2	0.873		
	ED3	0.863		
创业激情	IP1	0.690	0.878	0.591
	IP2	0.825		
	IP3	0.764		
	IP4	0.827		
	IP5	0.728		
	FP1	0.836	0.900	0.694
	FP2	0.878		
	FP3	0.854		
	FP4	0.759		
	DP1	0.807	0.879	0.644
	DP2	0.840		
	DP3	0.823		
	DP4	0.737		
创业承诺	AC1	0.888	0.866	0.764
	AC2	0.860		
	BC1	0.889	0.866	0.764
	BC2	0.859		
	CC1	0.799	0.862	0.610
	CC2	0.770		
	CC3	0.751		
	CC4	0.803		
创业意愿	EI1	0.735	0.932	0.695
	EI2	0.858		
	EI3	0.856		

续表

变量	题项	因子载荷	CR	AVE
创业意愿	EI4	0.887	0.932	0.695
	EI5	0.842		
	EI6	0.814		
创业认同	ER1	0.828	0.891	0.731
	ER2	0.873		
	ER3	0.863		

资料来源：本研究设计。

表 5.9 分析了各维度的因子载荷，并通过计算得到组合信度（CR）和平均方差抽取量（AVE）。相关分析结果显示，大多数因子的载荷值大于 0.7，每一个变量 CR 值大于 0.7，AVE 值大于 0.5，说明聚合效度较好。

表 5.10 显示了各变量之间的相关关系，结果显示创业决策、创新激情、创建激情、发展激情、情感承诺、行为承诺、持续承诺、创业意愿、创业认同九个变量的 AVE 值的平方根均明显大于任何两个维度之间的相关系数，说明判别效度良好。

模型的拟合指数反映了模型与样本数据的吻合程度，参考温忠麟等（2004）和吴明隆（2009）检验结构方程模型的方法，本研究选取 χ^2/df、GFI、AGFI、RFI、IFI、TLI、CFI、RMSEA 等指标评价模型的拟合情况。其中，认为当 χ^2/df 小于 5，GFI、AGFI、RFI、IFI、TLI、CFI 均大于 0.9，RMSEA 小于 0.08 时，表明模型的拟合度良好，模型具有较好的适配度（金立印，2007；胡芳肖等，2014；王巧然和陶小龙，2016）。为此，采用 AMOS 17.0 对模型进行验证性因子分析，进一步检验量表的判别效度，分析结果如表 5.11 所示。结果显示，与单因子模型、二因子模型、三因子模型和四因子模型比较，本研究采用的五因素模型的拟合度良好（$\chi^2/df = 3.884 < 5$，RMSEA $= 0.051 < 0.08$），且明显优于其他因子模型的拟合度，说明该模型的判别效度良好。

表 5.10

相关分析

变量	性别	年龄	学历	专业	ED	IP	FP	DP	AC	BC	CC	EI	ER
性别	1												
年龄	-0.062*	1											
学历	0.047	0.112**	1										
专业	-0.147**	0.079**	0.060*	1									
ED	-0.187**	0.074*	0.003	0.054	0.855								
IP	-0.076*	-0.065*	0.011	-0.020	0.291**	0.769							
FP	-0.023	-0.053	-0.033	-0.035	0.295**	0.585**	0.833						
DP	-0.008	-0.091**	-0.009	-0.021	0.223**	0.593**	0.633**	0.802					
AC	-0.124**	0.173**	-0.046	0.011	0.245**	0.058	0.072	0.063*	0.874				
BC	-0.079**	-0.042	-0.027	0.014	0.221**	0.194**	0.285**	0.197**	0.103**	0.874			
CC	-0.083**	0.004	-0.022	-0.029	0.509**	0.498**	0.506**	0.449**	0.273**	0.431**	0.781		
EI	-0.178**	0.039	0.005	0.009	0.625**	0.382**	0.393**	0.313**	0.284**	0.397**	0.688**	0.803	
ER	-0.085**	0.044	0.019	-0.003	0.442**	0.338**	0.299**	0.285**	0.171**	0.193**	0.525**	0.459**	0.855
平均值	1.580	1.710	2.020	2.730	3.384	3.997	4.180	4.160	2.820	3.569	3.615	3.282	3.303
标准差	0.494	0.694	0.603	1.407	0.750	0.658	0.734	0.655	0.823	0.855	0.677	0.768	0.635

注：** 表示 0.01 的显著水平，* 表示 0.05 的显著水平；对角线上为 AVE 的平方根。
资料来源：本研究设计。

表 5.11 验证性因子分析

模型	χ^2/df	GFI	AGFI	RFI	IFI	TLI	CFI	RMSEA
单因子模型[a]	13.915	0.609	0.553	0.634	0.677	0.651	0.676	0.109
二因子模型[b]	11.444	0.743	0.708	0.699	0.737	0.718	0.736	0.096
三因子模型[c]	9.094	0.784	0.753	0.761	0.798	0.781	0.797	0.085
四因子模型[e]	5.954	0.852	0.827	0.843	0.878	0.866	0.878	0.066
四因子模型[d]	5.743	0.859	0.836	0.849	0.884	0.872	0.884	0.065
四因子模型[f]	5.431	0.866	0.844	0.857	0.891	0.880	0.891	0.063
五因子模型[g]	3.884	0.906	0.887	0.898	0.932	0.922	0.932	0.051

注: a 是将所有题项归属于一个潜变量, b 是将创业承诺、创业意愿、创业认同和创业决策合并为一个潜变量, c 是将创业承诺、创业意愿和创业认同合并为一个潜变量, e 是将创业意愿和创业决策合并为一个潜变量, f 是将创业决策和创业认同合并为一个潜变量, g 是研究所应用模型。

资料来源: 本研究设计。

5.2.3　共同方法偏差检验

虽然问卷再正式发放时进行反复的修正，但调研过程中一份问卷由一人完整回答，数据来源、测量环境、问卷语境容易造成问卷在对变量测量时产生共性，容易形成了一种共同方法偏差的系统性误差。为有效的控制这种偏差，首先通过不同的样本来源，测量过程中时间、空间、心理和方法的分离，问卷填写的匿名性，量表的完善等方面，对测量进行程序控制。其次，用Harman 单因素检验的方法对共同方法偏差进行统计控制，对题项进行探索性因子分析。本研究对所有 33 个题项进行探索性分析，旋转后的所有题项自动聚合为 8 个特征值大于 1 的因子，累积方差贡献率为 64.473%。其中，第一特征根的值为 5.506，方差贡献率为 16.684%，未占总解释变量的一半。自变量、因变量、中介变量和调节变量负荷在不同的因子上，因此，可知本次调研的共同方法偏差较小。此外，在进行回归分析之前，还要考虑模型的多重共线性，衡量标准是方差膨胀因子（variance inflation factor，VIF）、容忍度、特征值、条件索引。本研究的共线性检验结果显示，方差膨胀系数 VIF值均小于 10，变量间的容忍度均大于 0.1，特征值均大于 0.01，且条件索引均小于 30，由以上可说明变量间不存在多重共线性问题，未对回归分析造成影响，可以进行进一步的回归分析检验。

5.3　假 设 检 验

本部分通过实证方法构建回归模型检验研究所提出的假设，将控制变量性别、年龄、学历、专业虚拟化后加入回归模型进行分析。对各控制变量、测量变量及维度数据处理后，利用回归分析检验变量之间的关系及显著性，以判断研究假设的成立情况，为分析创业激情与大学生创业决策的关系提供实证检验依据。

5.3.1　创业激情对创业决策的作用检验

分析创业激情与创业决策之间的关系，要将创业激情及创新激情、创建激情和发展激情维度作为自变量，创业决策作为因变量，并将控制变量一同加入回归方程，进行回归分析，分析结果见表5.12。由表5.12的模型1、模型2、模型3、模型4结果所示，创业激情有效解释13.5%的创业决策变异，且两者正向显著相关（β = 0.316，p < 0.01）。此外，创新激情（β = 0.284，p < 0.01）、创建激情（β = 0.295，p < 0.01）、发展激情（β = 0.231，p < 0.01）对创业决策有显著的正向作用，因此假设 H1 及子假设 H1a、H1b、H1c 成立。

表 5.12　　　　　　　　回归分析结果（因变量：创业决策）

类别		模型 1	模型 2	模型 3	模型 4
年龄		0.091 **	0.086 **	0.079 **	0.088 **
女性（以男性为参照）		− 0.164 **	− 0.155 **	− 0.171 **	− 0.175 **
学历（以大专为参照）	本科	0.001	− 0.005	0.012	0.002
	硕士及以上	0.007	− 0.003	0.016	0.006
专业（以经管类为参照）	文史哲类	− 0.016	− 0.021	− 0.016	− 0.030
	理工类	− 0.008	− 0.006	− 0.010	− 0.010
	农医法类	− 0.010	− 0.015	0.001	− 0.025
	其他	0.050	0.048	0.044	0.046
创业激情		0.316 **			
创新激情			0.284 **		
创建激情				0.295 **	
发展激情					0.231 **
R^2		0.141	0.123	0.129	0.096
Adj. R^2		0.135	0.115	0.122	0.088
F 值		20.431 **	17.322 **	18.342 **	13.107 **
D-Watson		1.875	1.863	1.876	1.887

注：** 表示0.01 的显著水平，* 表示0.05 的显著水平。
资料来源：本研究设计。

5.3.2 创业承诺在创业激情与创业决策之间的中介效应检验

检验中介效应最常用的是层次回归方法（Baron & Kenny，1986；温忠麟等，2014），包括以下步骤：第一，自变量对因变量回归，如果不显著这说明不存在中介效应，如果显著则进行下一步检验；第二，自变量对中介变量、中介变量对因变量回归，如果不显著则停止检验，如果显著进行下一步；第三，自变量和中介变量作为新的自变量与因变量进行回归分析，如果自变量系数不显著则为完全中介，如果显著且回归系数明显小于第一步的回归系数则为部分中介。

5.3.2.1 创业激情对创业承诺的作用检验

分析创业激情与创业承诺的关系，将创业激情及创新激情、创建激情和发展激情维度作为自变量，创业承诺作为因变量，并将控制变量加入回归方程，进行多元回归分析，回归结果如表 5.13 所示。回归结果中模型 1、模型 2、模型 3、模型 4 检验了创业激情及各维度对创业承诺的影响。结果显示创业激情解释 18.3% 的创业承诺变异，与创业承诺显著正向相关（$\beta = 0.398$，$p < 0.01$）。同时，创新激情（$\beta = 0.323$，$p < 0.01$）、创建激情（$\beta = 0.381$，$p < 0.01$）和发展激情（$\beta = 0.316$，$p < 0.01$）对创业承诺能有显著的正向影响，假设 H2、H2a、H2b、H2c 成立。

表5.13　　　　　　　　　回归分析结果（因变量：创业承诺）

类别		模型 1	模型 2	模型 3	模型 4
年龄		0.098 **	0.090 **	0.084 **	0.097 **
女性（以男性为参照）		-0.104 **	-0.096 **	-0.113 **	-0.118 **
学历（以大专为参照）	本科	-0.023	-0.028	-0.009	-0.022
	硕士及以上	-0.063	-0.073 *	-0.051	-0.064

续表

类别		模型 1	模型 2	模型 3	模型 4
专业（以经管类为参照）	文史哲类	− 0.035	− 0.044	− 0.035	− 0.051
	理工类	0.047	0.049	0.045	0.045
	农医法类	− 0.016	− 0.024	− 0.003	− 0.036
	其他	− 0.020	− 0.024	− 0.027	− 0.023
创业激情		0.398 **			
创新激情			0.323 **		
创建激情				0.381 **	
发展激情					0.316 **
R^2		0.189	0.135	0.176	0.132
Adj. R^2		0.183	0.129	0.169	0.125
F 值		28.972 **	19.434 **	26.511 **	18.834 **
D-Watson		1.730	1.738	1.709	1.761

注：** 表示 0.01 的显著水平，* 表示 0.05 的显著水平。
资料来源：本研究设计。

5.3.2.2 创业承诺对创业决策的作用检验

分析创业承诺与创业决策的关系，将创业承诺及情感承诺、行为承诺、持续承诺维度作为自变量，创业决策作为因变量，并将控制变量加入回归方程，多元回归分析结果如表 5.14 所示。分析结果中模型 1、模型 2、模型 3、模型 4 检验了创业承诺及其各维度对创业决策的作用，结果显示创业承诺解释 20.9% 的创业决策变异，与创业决策显著正向相关（$\beta = 0.423$，$p < 0.01$）。同时，情感承诺（$\beta = 0.226$，$p < 0.01$）、行为承诺（$\beta = 0.210$，$p < 0.01$）和持续承诺（$\beta = 0.503$，$p < 0.01$）对创业决策能有显著的正向影响，假设 H3、H3a、H3b、H3c 成立。

表5.14 回归分析结果（因变量：创业决策）

类别		模型1	模型2	模型3	模型4
年龄		0.038	0.028	0.075 *	0.063 *
女性（以男性为参照）		− 0.126 **	− 0.152 **	− 0.164 **	− 0.134 **
学历（以大专为参照）	本科	0.014	0.013	0.009	0.013
	硕士及以上	0.033	0.024	0.012	0.016
专业（以经管类为参照）	文史哲类	− 0.013	− 0.039	− 0.013	− 0.050
	理工类	− 0.030	− 0.013	− 0.018	− 0.039
	农医法类	− 0.010	− 0.031	− 0.014	0.007
	其他	0.052	0.047	0.039	0.049
创业承诺		0.423 **			
情感承诺			0.226 **		
行为承诺				0.210 **	
持续承诺					0.503 **
R^2		0.216	0.091	0.086	0.292
Adj. R^2		0.209	0.084	0.078	0.286
F 值		34.099 **	12.474 **	11.647 **	51.104 **
D-Watson		1.891	1.888	1.866	1.921

注：** 表示 0.01 的显著水平，* 表示 0.05 的显著水平。
资料来源：本研究设计。

5.3.2.3 创业承诺的中介作用检验

为分析创业承诺的中介效应，将创业激情与创业承诺同时作为自变量，创业决策作为因变量，并将控制变量加入回归分析，分析结果如表5.15所示。分析结果中模型1检验了创业承诺的中介作用，数据显示，创业激情的正向作用仍然显著（Adj. $R^2 = 0.235$，$F = 35.467$ **），回归系数由 0.316 下降至 0.176，影响效果减弱，说明创业承诺在创业激情与创业承诺之间起部分中介作用，假设 H4 成立。

表 5.15   中介效应分析结果（因变量：创业决策）

类别		模型 1
年龄		0.056 *
女性（以男性为参照）		− 0.127 **
学历（以大专为参照）	本科	0.009
	硕士及以上	0.029
专业（以经管类为参照）	文史哲类	− 0.004
	理工类	− 0.025
	农医法类	− 0.004
	其他	0.057
创业激情		0.176 **
创业承诺		0.351 **
R^2		0.241
Adj. R^2		0.235
F 值		35.467 **
D-Watson		1.890

注：** 表示 0.01 的显著水平，* 表示 0.05 的显著水平。
资料来源：本研究设计。

Sobel 检验是进一步检验中介效应的有效方法（Preacher & Leonardelli，2012），因此，为进一步检验创业承诺的中介效应，本研究采用 Sobel 检验的统计量 $Z = a \times b / SQRT（b^2 \times S_a^2 + a^2 \times S_b^2）$ 和 p 值来衡量创业承诺的中介作用结果。结果如表 5.16 所示，创业承诺（$Z = 10.720$，$p < 0.01$）在创业激情与创业决策关系中的中介效应得到进一步验证。

表 5.16   Sobel 检验的中介效应结果（创业承诺）

项目	创业承诺
Z 值	10.720
标准误	0.020
p 值	< 0.01

资料来源：本研究设计。

5.3.3 创业意愿在创业激情与创业决策之间的中介效应检验

5.3.3.1 创业激情对创业意愿的作用检验

为分析创业激情与创业意愿的关系，将创业激情及创新激情、创建激情、发展激情维度作为自变量，创业意愿作为因变量，并将控制变量加入回归分析，多元回归结果如表 5.17 所示。分析结果中模型 1、模型 2、模型 3、模型 4 检验了创业激情及其各维度对创业意愿的作用，结果显示创业激情 20.9% 的创业意愿变异，与创业意愿显著正向相关（β = 0.421，p < 0.01）。同时，创新激情（β = 0.373，p < 0.01）、创建激情（β = 0.389，p < 0.01）和发展激情（β = 0.318，p < 0.01）对创业意愿能有显著的正向影响，假设 H5、H5a、H5b、H5c 成立。

表 5.17　　　　　　　　回归分析结果（因变量：创业意愿）

类别		模型 1	模型 2	模型 3	模型 4
年龄		0.064 *	0.057 *	0.048	0.061 *
女性（以男性为参照）		− 0.156 **	− 0.144 **	− 0.165 **	− 0.170 **
学历（以大专为参照）	本科	− 0.026	− 0.033	− 0.012	− 0.025
	硕士及以上	0.008	− 0.004	0.020	0.007
专业（以经管类为参照）	文史哲类	− 0.006	− 0.014	− 0.007	− 0.024
	理工类	0.033	0.036	0.031	0.031
	农医法类	− 0.049	− 0.055	− 0.036	− 0.070 *
	其他	0.010	0.008	0.003	0.006
创业激情		0.421 **			
创新激情			0.373 **		
创建激情				0.389 **	
发展激情					0.318 **
R^2		0.215	0.177	0.189	0.140

类别	模型 1	模型 2	模型 3	模型 4
Adj. R^2	0.209	0.171	0.183	0.133
F 值	33.979 **	26.754 **	28.897 **	20.176 **
D-Watson	1.763	1.732	1.726	1.769

注: ** 表示 0.01 的显著水平, * 表示 0.05 的显著水平。
资料来源: 本研究设计。

5.3.3.2 创业意愿对创业决策的作用检验

为分析创业意愿与创业决策的关系, 将创业意愿作为自变量, 创业决策作为因变量, 并将控制变量加入回归分析, 回归分析结果如表 5.18 所示。分析结果模型 1 检验了创业意愿对创业决策的作用, 结果显示, 果显示创业意愿能够解释 39.8% 的创业决策变异, 与创业决策显著正向相关 ($\beta = 0.612$, $p < 0.01$), 假设 H6 成立。

表 5.18　　　　　回归分析结果 (因变量: 创业决策)

类别		模型 1
年龄		0.047 *
女性 (以男性为参照)		− 0.071 **
学历 (以大专为参照)	本科	0.018
	硕士及以上	0.001
专业 (以经管类为参照)	文史哲类	− 0.017
	理工类	− 0.029
	农医法类	0.018
	其他	0.041
创业意愿		0.612 **
R^2		0.403
Adj. R^2		0.398
F 值		83.709 **
D-Watson		1.940

注: ** 表示 0.01 的显著水平, * 表示 0.05 的显著水平。
资料来源: 本研究设计。

5.3.3.3 创业意愿的中介作用检验

为分析创业意愿的中介效应，将创业激情与创业意愿同时作为自变量，创业决策作为因变量，并将控制变量加入回归分析，分析结果如表 5.19 所示。分析结果中模型 1 检验了创业意愿的中介作用，数据显示，创业激情的正向作用仍然显著（Adj. $R^2 = 0.402$，$F = 76.551^{**}$），回归系数由 0.316 下降至 0.071，影响效果减弱，说明创业意愿在创业激情与创业承诺之间起部分中介作用，假设 H7 成立。

表 5.19　　　　　　　中介效应分析结果（因变量：创业决策）

类别		模型 1
年龄		0.053^{*}
女性（以男性为参照）		-0.073^{**}
学历（以大专为参照）	本科	0.016
	硕士及以上	0.002
专业（以经管类为参照）	文史哲类	-0.012
	理工类	-0.028
	农医法类	0.019
	其他	0.044
创业激情		0.071^{**}
创业意愿		0.582^{**}
R^2		0.407
Adj. R^2		0.402
F 值		76.551^{**}
D-Watson		1.928

注：∗∗ 表示 0.01 的显著水平，∗ 表示 0.05 的显著水平。
资料来源：本研究设计。

针对创业意愿的中介效应同样采用 Sobel 检验进行再次的检验，采用 Sobel 检验的统计量 $Z = a \times b / \text{SQRT}（b^2 \times S_a^2 + a^2 \times S_b^2）$ 和 p 值来衡量创业意愿

的中介作用结果。结果如表 5. 20 所示，创业意愿（Z = 13. 381，p < 0. 01）在创业激情与创业决策关系中的中介效应得到进一步验证。

表 5. 20 　　　　　Sobel 检验的中介效应结果（创业意愿）

项目	创业意愿
Z 值	13. 381
标准误	0. 024
p 值	< 0. 01

资料来源：本研究设计。

5. 3. 4　创业认同的调节效应检验

在分析调节效应前对各变量进行中心化处理，以降低多重共线性的问题，并构造调节变量与自变量的乘积项。本研究调节效应的因变量为创业承诺和创业意愿，自变量分别引入控制变量、自变量、乘积项进行回归分析，分析结果如表 5. 21 所示。分析结果中模型 1 表明创业激情对创业承诺的正向影响作用（β = 0. 398，p < 0. 01），模型 2 表明创业激情（β = 0. 295，p < 0. 01）和创业认同（β = 0. 282，p < 0. 01）对创业承诺的正向影响作用。最后将创业激情与创业认同的交互项引入回归分析，模型 3 表明创业激情和创业认同的交互项（β = 0. 039，sig = 0. 149）对创业承诺影响不显著，这说明创业认同在创业激情与创业承诺之间不存在调节作用，即假设 H8 不成立。由模型 4 表明创业激情对创业意愿的正向影响作用（β = 0. 421，p < 0. 01），模型 5 表明创业激情（β = 0. 280，p < 0. 01）和创业认同（β = 0. 385，p < 0. 01）对创业意愿的正向影响作用。此外，将创业激情与创业认同的交互项引入回归模型，模型 6 表明创业激情和创业认同的交互项（β = 0. 077，p < 0. 01）对创业意愿有正向影响作用，且模型 5 和模型 6 比较发现，ΔR^2 = 0. 005，这说明增加交互项后模型解释度提高 0. 5%，这表明创业认同正向调节了创业激情与创业意愿之间的关系，假设 H9 成立。

表 5.21　　　　　　　　　　　　　　调节效应分析结果

类别		因变量：创业承诺			因变量：创业意愿		
		模型 1	模型 2	模型 3	模型 4	模型 5	模型 6
年龄		0.098 **	0.079 **	0.079 **	0.064 *	0.037	0.037
女性（以男性为参照）		− 0.104 **	− 0.082 **	− 0.081 **	− 0.156 **	− 0.126 **	− 0.124 **
学历（以大专为参照）	本科	− 0.023	− 0.034	− 0.033	− 0.026	− 0.041	− 0.039
	硕士及以上	− 0.063	− 0.071	− 0.070	0.008	− 0.004	− 0.002
专业（以经管类为参照）	文史哲类	− 0.035	− 0.063	− 0.060	− 0.006	− 0.044	− 0.038
	理工类	0.047	0.044	0.043	0.033	0.029	0.026
	农医法类	− 0.016	− 0.019	− 0.017	− 0.049	− 0.052	− 0.050
	其他	− 0.020	− 0.024	− 0.023	0.010	0.005	0.007
创业激情		0.398 **	0.295 **	0.306 **	0.421 **	0.280 **	0.302 **
创业认同			0.282 **	0.275 **		0.385 **	0.372 **
创业激情 × 创业认同				0.039			0.077 **
R^2		0.189	0.257	0.259	0.215	0.342	0.347
Adj. R^2		0.183	0.251	0.251	0.209	0.336	0.341
ΔR^2				0.002			0.005
F 值		28.972 **	38.603 **	35.321 **	33.979 **	57.859 **	53.837 **
D-Watson				1.711			1.789

注：** 表示 0.01 的显著水平，* 表示 0.05 的显著水平。
资料来源：本研究设计。

5.3.5　被调节的中介效应检验

通过创业认同的调节效应检验发现假设 H8 没有通过验证，即创业认同在创业激情与创业承诺之间的调节作用不成立。而中介效应和调节效应均存在是被调节中介效应的前提（王京伦，2016），因此，创业认同调节创业激情通过创业承诺对创业决策产生的间接影响不成立，即假设 H10a 没有通过检验。

为进一步检验创业认同在创业激情通过创业意愿对创业决策的间接作用，本研究运用 Bootstrapping 法进行检验。采用对观测数据进行模拟再抽样的方法，对其分布特征进行统计判断，一定程度上解决了无法获得大量样本可能导致的推断失误。本研究构建两个方程，检验该过程的被调节的中介作用。

①$EI = \alpha_0 + \alpha_x EP + \alpha_Z ER + \alpha_{XZ} EP \times ER$

②$ED = \beta_0 + \beta_X EP + \beta_M EI + \beta_Z ER + \beta_{XZ} EP \times ER + \beta_{MX} EI \times ER$

其中，EP、EI、ER、ED 分别是创业激情、创业意愿、创业认同和创业决策。这两个方程表示创业认同对创业意愿在创业激情与创业决策关系中的间接影响。表 5.22 给出方程中的系数。

表 5.22 被调节的中介效应系数（创业意愿）

系数	创业意愿	创业决策
α_0	-0.018	
α_x	0.403	
α_z	0.459	
α_{XZ}	0.134	
β_0		-0.010
β_X		0.069
β_M		0.507
β_Z		0.191
β_{XZ}		0.118
β_{MX}		-0.014

资料来源：本研究设计。

表 5.23 显示运用 Bootstrapping 法检验后所获得的第 1 阶段、第 2 阶段、直接效应、间接效应和总效应的结果。分析结果显示，在高、低创业认同下，创业认同对创业激情与创业意愿的影响存在显著差异（$\Delta r = 0.165$，$p < 0.01$），假设 H9 得到进一步检验。此外，创业激情对创业决策的间接影响作用，在低创业认同（$\Delta r = 0.164$，$p < 0.01$）、高创业认同（$\Delta r = 0.243$，$p < 0.01$）时正向显著，两者差异也显著（$\Delta r = 0.079$，$p < 0.01$）。总效应中，在高创业认同（$\Delta r = 0.158$，$p < 0.05$）、低创业认同（$\Delta r = 0.389$，$p < 0.01$）水平上均显著，两者差异也显著（$\Delta r = 0.232$，$p < 0.01$），因此，假

设 H10b 成立。

表 5. 23 　　　　创业认同的被调节的中介效应分析结果（创业意愿）

调节变量	创业激情（X）→创业意愿（M）→创业决策（Y）				
	第 1 阶段	第 2 阶段	直接效应	间接效应	总效应
	P_{MX}	P_{MY}	P_{XY}	$P_{MY}P_{MX}$	$P_{XY}+P_{MY}P_{MX}$
低创业认同	0.317 **	0.516 **	− 0.006	0.164 **	0.158 *
高创业认同	0.483 **	0.504 **	0.146 *	0.243 **	0.389 **
差异	0.165 **	− 0.013	0.152 *	0.079 **	0.232 **

　　注：P_{MX}表示创业激情对创业意愿的影响，P_{MY}表示创业意愿对创业决策的影响，P_{XY}表示创业激情对创业决策的影响。高创业认同表示均值加一个标准差，低创业认同表示均值减一个标准差。** 表示 0.01 的显著水平，* 表示 0.05 的显著水平。
　　资料来源：本研究设计。

5.4　研 究 结 果

　　本研究共提出 23 个假设，通过实证分析对提出的所有假设进行检验，检验结果如表 5.24 所示。

表 5. 24 　　　　　　　　　研究结果汇总

假设编号	研究假设	结果
H1	创业激情对创业决策有正向影响作用	成立
H1a	创新激情对创业决策有正向影响作用	成立
H1b	创建激情对创业决策有正向影响作用	成立
H1c	发展激情对创业决策有正向影响作用	成立
H2	创业激情对创业承诺有正向影响作用	成立
H2a	创新激情对创业承诺有正向影响作用	成立
H2b	创建激情对创业承诺有正向影响作用	成立
H2c	发展激情对创业承诺有正向影响作用	成立
H3	创业承诺对创业决策有正向影响作用	成立

假设编号	研究假设	结果
H3a	情感承诺对创业决策有正向影响作用	成立
H3b	行为承诺对创业决策有正向影响作用	成立
H3c	持续承诺对创业决策有正向影响作用	成立
H4	创业承诺在创业激情与创业决策关系间起中介作用	成立
H5	创业激情对创业意愿有正向影响作用	成立
H5a	创新激情对创业意愿有正向影响作用	成立
H5b	创建激情对创业意愿有正向影响作用	成立
H5c	发展激情对创业意愿有正向影响作用	成立
H6	创业意愿对创业决策有正向影响作用	成立
H7	创业意愿在创业激情与创业决策关系间起中介作用	成立
H8	创业认同正向调节创业激情与创业承诺间的关系	不成立
H9	创业认同正向调节创业激情与创业意愿间的关系	成立
H10a	创业认同调节了创业激情通过创业承诺对创业决策产生的间接影响	不成立
H10b	创业认同调节了创业激情通过创业意愿对创业决策产生的间接影响	成立

资料来源：本研究设计。

通过对以上假设的实证检验，结果符合本研究的理论预期，从理论和实证方面验证了各变量之间的关系。首先，实证结果表明个体的情感因素有助于提升大学生的参与度，创业激情对大学生创业决策的影响非常显著。其次，在创业激情对创业决策作用的过程中，也体现了情感因素和行为意愿的作用，说明大学生的内部情感和实际行为倾向均对个体创业决策产生作用。此外，除情感因素和行为倾向的影响作用外，本研究进一步探讨了创业认同的调节作用。创业认同体现了创业者的角色和情感认同，将角色的外部表现内化为个体的情感认同的过程，更能体现对自我价值的定位，研究检验了创业认同对创业承诺和创业意愿的中介作用的调节效应，充分说明了个体认同对创业决策形成过程的影响作用。

第6章

研究结论与启示

在鼓励创新创业型经济发展的背景下，大学生创业成为创业管理领域重要的关注点。大学生创业容易受到个体内部因素的影响，因此，从情感视角探究大学生创业决策的形成过程是非常有必要的。为此，本研究在以往研究基础上，探讨了大学生创业决策的前置因素，从情感、行为意愿、认同三个方向着手，分析创业激情对创业决策的推动作用和影响机制。本部分将阐述主要的研究结论，并从理论价值和实践启示方面探讨研究的价值，进而提出研究中存在的局限及未来的研究方向。

6.1 研究结论

本研究关注个体内部因素对创业决策的影响，从个体层面分析创业激情与创业决策的关系，讨论创业承诺和创业意愿在两者关系间的中介效应，以及创业认同的调节机制。通过构建关系模型，对创业激情影响大学生创业决策的作用机理进行分析，利用实证数据进行检验。本研究根据相关研究提出的 23 个假设，通过实证检验，其中有 21 个通过检验。研究得出以下结论：

6.1.1 创业激情对创业决策有显著的正向影响

回归结果显示创业激情与创业决策之间存在显著的正向关系，且创业激情的三个维度——创新激情、创建激情、发展激情均对创业决策有显著的正向影响，该结果验证了假设 H1、H1a、H1b、H1c，该结果与大多数学者的研究一致。傅等（Foo et al.，2009）和格力尼克等（Grichnik et al.，2010）的研究认为创业激情作为个体重要的情感因素，会直接影响创业者的行动决策过程。创业激情对创业决策的影响主要表现为对创业活动的热爱、情感和精力的投入，以及在面对可能出现问题时表现出的积极情感。个体的创业激情越高，更愿意为创业做准备，积极参与具有挑战性的创业活动中。

实证研究结果表明，创业激情对大学生创业决策的正向作用显著，且创业激情各维度与创业决策有显著的正向作用，显著性依次为：创建激情、创新激情和发展激情。这表明，创业激情作为一种不可抗拒的行为信念将促进大学生将激情转化为行动决策，且不同阶段的创业激情与创业决策关系的显著性不同。可见，大学生的创业激情会首先表现为对新企业创建的热情，经济实体的出现是个体激情最强烈的表现形式。具有创建激情的个体更愿意利用已识别的机会，将其商业化，同时更加关注新企业的创建及实际过程，因此具有创建激情的大学生更愿意做出创业决策；另外，在企业创建过程中，创新是创业的基础。大学生对创业机会的探索，对新技术和新知识的学习，是其创新激情的积极体现，是创业活动开展的重要前提。具有创新激情的个体能够认识到，创新意识、开发新产品、新服务是创业成功的关键，也是企业未来获得收益的有效途径。因此，具有创新激情的大学生会愿意将创新想法、创业机会、资源等投入创业活动，参与创业活动。此外，发展激情是新企业长远发展的不竭动力，具有发展激情的个体有着长远发展的目标，大学生会在寻找新顾客、开发新市场及优化组织流程中产生积极情感，积极投入创业活动。因此，从不同阶段分析创业激情对创业决策的影响，有助于解释个体情感变化与创业实践关系的作用机制，为鼓励大学生积极参与创业活动提供一定的路径参考。

6.1.2　创业承诺在创业激情与创业决策关系间起中介作用

通过层次回归分析方法检验了创业承诺在创业激情与创业决策间的中介效应，验证了创业激情及其维度与创业承诺存在显著的正向影响，创业承诺及其维度对创业决策有显著的正向影响，创业承诺在创业激情与创业决策关系之间起部分中介作用。这表明为进一步激发创业激情对大学生创业决策的促进作用，创业会投入更多的情感要素以实现创业目标。

首先，创业激情及其维度对创业承诺有显著的正向影响，该结果验证了假设 H2、H2a、H2b、H2c，该结果与卡登（Cardon，2008）的研究结果一致，认为创业激情能够激励大学生群体对创业活动投入更多的精力和情感，并对实现创业目标产生强烈的承诺。具有创业激情的个体对创业成功具有较强的渴望，更愿意为目标实现投入时间和努力，因此，对创业投入的情感程度也越深（Erikson，2002）。对于潜在创业者来说，个体情感是嵌入新企业创业过程中的，在识别新的创业机会、创建新企业、实现创业长远发展等阶段中都表现出较强的情感嵌入。实证结果显示，创业激情各维度与创业承诺之间的关系显著程度存在差异，由强到弱依次为创建激情、创新激情和发展激情。可见，新企业的创建更能激励大学生的情感、智力和体力能量的投入，且大学生更加关注显性的创业目标。情感激励模型认为，激情能够直接影响个体的工作态度（Forgas & George，2001），因此清晰的创建企业的目标更能引起个体创业满意度的提升。创建激情能够激励大学生为创业计划的实施不断投入资源，包括组建团队、寻找资本、选址等，目的是创建新企业；具有创新激情的大学生，会在日常学习过程中搜寻与创业相关的信息、机会，并投入时间和精力用于分析机会的可行性及价值。创业活动是一个持续投入的过程，这需要潜在创业者做好坚持不懈的准备，为实现创业的成功，在企业创建过程中持续投入，因而具有发展激情的个体为实现企业的发展和成长会形成更为坚定的承诺。因此，具有创业激情的大学生会在与创业相关的课程、知识、实践中投入更多的情感和精力，形成坚定的创业信念。

其次，创业承诺及其维度对创业决策有显著的正向影响，该结果验证了假设 H3、H3a、H3b、H3c，该结果充分验证了唐金同（Tang，2008）根据创业发展的不同阶段提出的创业承诺对创建企业的影响作用。具有较高承诺的创业者对创业投入较多的心理成本，更加认同创业，并吸引他们参与创业活动（Cardon et al.，2005）。个体的创业承诺是愿意为创业目标实现投入时间和努力，更有可能实现目标（Oettingen et al.，2009）。有着较高承诺的个体会为获得工作而搜索更多的工作信息，能坚持不懈地面对困难。创业承诺的各维度与创业决策关系的显著性程度依次为：持续承诺、情感承诺和行为承诺。可见，大学生对创业活动的发展更多地表现出持久性，并不是短暂的、盲目性的。大学生的持续承诺会激励个体为了企业的长远发展而持续的投入精力，即使是在面对困难和不确定情况下也能坚持为实现新企业的发展目标而努力；大学生对创业表现为较强的情感欲望，更愿意选择创业作为自己的职业，因而这些个体更有可能做出创业的决策。此外，情感承诺同样能带动个体的行动，使个体通过实际的行动来表达自己的创业愿望，因此，行为承诺能够刺激个体筛选和吸收相关创业信息，为创业行动提供信息支持。由此可知，个体的创业承诺充分表现出了潜在创业者的情感因素在行为中的嵌入程度，在新创企业创建的整个阶段中都呈现出连续性的情感投入，坚定做出参与创业活动的决策。

此外，实证研究结果验证了创业承诺在创业意愿与创业决策之间的部分中介作用，该结果验证了假设 H4，这为卡登等（Cardon et al.，2009）构建的创业激情的经验模型提供依据，说明创业激情可以通过目标承诺的认知状况对创造性解决问题、持久性等行为的影响。同时，这表明具有创业激情的个体，为实现创业目标，会在创新想法产生、识别机会、组建团队、整合资源等环节中持续投入精力和情感。而具有较高创业承诺的个体也会表现出对创业活动更强的认同感，因而作出创业实践决策的可能性也就越高。个体的创业想法可以激发创业者对创业活动的热情和坚持，促进个体创业承诺的提高，而个体对自身创业活动的认可和努力程度，进一步增强了把握和利用市场机会的信心（Fayolle et al.，2011）。因此，创业承诺是潜在创业者对外部资源分析和内部情感转化的必要手段，对个体创业决策行为具有积极的推动作用。大学生创业者能够感受到来自自身资源和能力、外部环境因素对创业的支持，政府、学校、社会不断推出鼓励创业的政策已经深刻影响了大学生对创业的认识，对创业活动相关信息接触越多的个体越可能做出创业决策。因此，本研究构建了"创业激情—创业承诺—创业决策"这一关系，检验了创业承诺在创业激情与创业决策之间的中介作用。说明大学生创业者决策的制定不仅依赖于个体对创业的热情，而且也会受到个体在创业活动中情感、精力等投入程度的影响。

6.1.3　创业意愿在创业激情与创业决策关系间起中介作用

本研究应用层次回归检验了创业意愿在创业激情与创业决策之间的中介效应，创业激情与创业意愿之间显著的正向相关关系，创业意愿与创业决策之间显著的正向相关关系，以及创业意愿在创业激情与创业决策之间的部分中间作用。这表明，个体在创业激情驱动下，会形成较强的行为意愿，推动创业决策的做出。

首先，实证研究验证了创业激情及其维度与创业意愿之间存在显著的正向影响，该结果验证了假设 H5、H5a、H5b、H5c，这一结果与大部分学者的研究一致。瓦勒兰（Vallerand，2002）、陈晓萍（Chen，2009）、方卓和张秀娥（2016）的研究均认为创业激情可以有效激发个体参与创业活动的意愿，具有创业激情的个体能够更好地认识创业者的身份，更愿意通过创业行动来体现自己创业者的身份。由实证结果可以看出，创业激情对创业意愿有显著的正向促进作用，这验证了巴伦（Baron，2008）的研究，这表明个体对创业的积极情感是激发和引导创业活动的独特动力，这种行为信念将促进大学生将激情转化为行动意愿。创业激情作为一种长期持久的情感表现，会激励个体将创业想法转变为创业意愿（Chen，2009）。同时，实证结果显示，创业激情维度与创业意愿关系的显著性依次为：创新激情、创建激情、发展激情。由此可见，创新激情对创业意愿的驱动作用更强，大学生对探索、识别新机会的热情更能够激发创造力，引导创业活动开展。机会是所有创业活动的开端，识别和利用机会是个体创业的关键环节，因此，个体对利用机会的激情有利于机会的开发及企业的创建。此外，大学生的激情表现会吸引更多的资源，包括创业团队、风险投资、员工等，特别是风险投资者其对创业者激情更为看重（Galbraith & McKinney et al.，2014），因此，具有发展激情的创业者更能够长期保持创业的热情，实现创业目标。

其次，实证分析验证了创业意愿与创业决策之间存在显著的正向影响，该结果验证了假设 H6，并与大多数学者的研究结果一致。克鲁格（Krueger，2000）、苏伊塔利斯和泽比纳蒂等（Souitaris & Zerbinati et al.，2007）、方卓

（2014）均通过实证检验分析了创业意愿对个体创业决策的作用，认为创业活动是有意愿性、有计划的行为，创业决策可以用个体创业意愿来解释。潜在创业者对利用所取得的资源参与创业活动的想法和行为倾向，对创业决策的做出具有重要的作用（Krueger，2000）。当感知创业比其他选择更合意、更可行时，大学生的创业意愿会提升，从而促使其产生创业决策。创业是有计划的行为和深思熟虑的结果，大学生在创业意愿形成之前，必然会评估自己的创业能力。因此，针对大学生进行创业宣传、创业教育等，会引导大学生积极思考和评价创业活动。只有认识到创业的长远价值时，大学生才会更加努力的学习、吸收新知识，提升创业相关能力，增强自我效能，以激发创业意愿，即创业自我效能越高就越有可能选择创业。创业选择是创业过程的第一步，而大学生对创业成功的期望更能够激励他们选择创业活动。

此外，研究结果显示创业意愿在创业激情与创业决策之间存在部分中介作用，该结果验证了假设 H7。这表明创业激情能提升个体对参与创业活动的期望和意愿，并在这种行为倾向的驱动下做出创业的决策。创业激情所产生的情感反应作为一种导向机制，能够帮助个体快速有效的分析不确定情况（Finucane et al.，2003）。情感表现越清晰，也能越快的寻找到描述、判断和决策信息的线索，进而引导个体行为。创业激情是创业活动的核心要素（Baron，2008），可以激发创造力，为发现和探索有利机会识别有效信息，是创业决策的重要驱动变量。更为准确地说，创业激情能够为个体每天的工作提供动力，提升精神活动及活动意义，使个体更加愿意参与到创业活动中，因此创业决策的可能性也随之提高。由此可见，创业意愿是大学生创业者将积极情感转变成行为的关键环节，对创业想法的实现和创业活动的开展有积极的促进作用。大学生创业激情表现作为一种情感认知，不仅对创业决策产生直接影响，还可以通过个体对创业活动感知的行为倾向产生间接的影响。因此，本研究构建了创业意愿在创业激情和创业意愿之间的中介关系，检验了创业意愿在两者之间的中介作用。结果说明，大学生在制定创业决策之间不仅会考虑对创业活动的情感倾向，而且会对活动的操作可行性及合意性进行评估，保证创业决策制定的合理性。

6.1.4 创业认同的调节作用

回归分析验证了创业认同的调节效应，结果发现创业认同对创业激情与创业意愿之间关系有显著的正向调节效应，而对创业激情与创业承诺关系不存在调节作用。这表明个体对自身创业角色的认知和深层次的情感认同可以影响创业激情在创业过程中的作用（Murnieks, 2011）。认同理论认为，个体的认同对自我定义、目标、价值承诺和未来信念产生重要的作用（Vesalainen & Pihkala, 2000）。创业研究认为认同是创业者、想法、机会和结果、组织结构之间相互联系的因素（Cardon et al., 2005）。因此，创业认同是多层级、相互作用的，是个体自我和行为观念的获得或摈弃，以产生对社会和经济环境的认知。创业认同能使个体意识到创业早期的组织创造和自我价值，具备管理和实践能力的创业者可以感知到认同，这有助于实现创业期望。

首先，实证结果表明创业认同对创业激情与创业承诺的关系的调节作用不显著，该结果说明假设 H8 未通过检验。产生这种结果的原因可能是：创业激情的本质是对有意识活动的积极且强烈的情感，及对这种活动清晰的自我认同和身份认同感（Cardon et al., 2009），因此这种认同感可能已经深深根植于个体的情感中。创业承诺是个体情感等因素在创业行为的嵌入，激情、自我认同和承诺可能作为个体重要的情感体系是密不可分的。因此，当个体在情感上确定要参与创业活动时，来自外界认同因素对个体的情感活动及投入的影响程度可能明显降低，甚至消失。因此，创业激情中对自我认同和身份认同的认可，可能是影响创业认同在创业激情与创业承诺之间调节效应的重要因素。此外，认同部分与创业的持久性相关，对某一身份认同感越强，越能够更持久、更愿意追求目标（Houser-Marko & Sheldon, 2006）。依据自我协调模型（Sheldon & Elliot, 1999；Sheldon & Houser-Marko, 2001）和自我决定理论（Deci & Ryan, 1985, 2000）认为，当个体认为目标具有价值或他们享受追求目标的过程时，他们会更持久的追求这一目标。个体持续的追求这一目标是因为他们对参与这一行为有较强的认同感，即使不具备较强的技术、能力等也会坚持。甚至是在不喜欢某项活动的情况下，也会为了认同感较强的活动而持续的努力。本质上来说，个体是在努力的协调认同感与行为之间的关系（Hogg, Terry & White, 1995；Stets & Burke, 2000），因为一且认同与自我概念相结合，个体会产生与认同感一致的动机（Murnieks et al.，2012）。例如，当创业者把创建者身份作为自我认同的核心，即使是不喜欢与创建新企业相关的某些活动，他们也会因为创建者认同感而参与该行动，来说明自己作为创建者身份认同的承诺。

其次，实证分析结果表明创业认同对创业激情与创业意愿关系起显著的正向调节作用，该结果说明假设 H9 通过检验。这说明个体较高的创业认同容易产生积极的自我评价与自我意识，是提升创业动机的重要因素，会激发潜在个体的创业积极性（Falck，Heblich & Luedemann，2012）。认知视角的创业认同研究认为，创业认同是解释和描述行为的认知图式，创业者在特定情境下确定行为期望。特别是在创业激情驱动下，个体对"创业者是谁""创业者要做什么"这两个问题更加关注，当对自身身份及价值产生清晰的意识后，个体便会产生创业的行为意愿（Obschonka et al.，2015）。当面对竞争时，创业者扮演的企业所有者和风险承担者的角色会激励创业者制定更好的方案，以更低的成本获得收益，赢得市场优势。个体创业认同感的强度对潜在创业者的创业意愿提升具有积极的推动作用，因为这将直接影响到个体的创业决策。在鼓励大学生自主创业的文化环境下，大学生创业认同的强弱是影响其参与创业活动的有效调节器，能够影响具有创业想法的潜在创业者。因此，进一步验证了创业认同正向调节创业激情与创业意愿的关系，当创业认同较高时，创业激情对创业意愿的影响较大，当创业认同较低时，创业激情对创业意愿的影响较小。

6.1.5 创业认同的被调节的中介作用

个体创业决策的制定是多种因素共同作用的结果，外部环境因素、内部情感因素、行为倾向等对创业决策具有一定的影响。因此，研究创业决策形成过程的影响因素和作用机理是非常必要的。

本研究构建了创业激情对创业决策影响的被调节的中介效应模型。首先，实证结果显示创业认同在创业激情与创业承诺关系中不存在被调节的中介效应，这说明创业认同对创业承诺在创业激情与创业决策的中介关系不具有调节效应，该结果表明假设 H10a 未通过检验。由此可见，大学生对创业者角色及活动认同感的高低，并不会影响创业激情通过创业承诺对创业决策的间接作用。在创业激情的作用下，随着大学生对创业活动认知的增强，对创业角色认同感逐渐形成，促进大学生创业承诺的实施，在这过程中无论认同感的高低与否，创业激情都将影响个体的创业决策过程。来自对创业活动的热情对创业者情感、精力的投入提出更高的要求，大学生将更好地将这种情感转变成行为参与的动力。这也将进一步增强对创业活动的热情，使得大学生将更多的时间、精力用于创业目标的实现，进而提升对创业的承诺。其次，实证检验表明创业认同对创业意愿在创业激情与创业决策的中介关系具有调节作用，这说明假设 H10b 通过了检验。这也充分说明对创业活动及自身创业者角色有较高认同感的大学生，其创业激情通过创业意愿对创业决策的间接作用越大。具有较高创业认同的大学生，对创业活动会产生更积极的认识，这营造出一个将创业想法应用于价值创造的氛围，提升创业信心，进一步推动创业想法的实践。因此，创业认同将创业认识内化为对创业角色的清晰认识，并对创业角色以积极的评价，从认知和情感两个层面形成对创业的认同感，这将助推创业激情向创业决策转化的进程。

6.2　研　究　启　示

本研究构建了影响个体创业决策制定的研究模型，以创业决策为因变量，探讨了创业决策在创业激情作用下的形成机制。这对先前以创业决策为自变量的研究进行补充和完善，综合分析了影响大学生创业决策的前因变量、中介变量和调节变量。研究以创业管理理论、决策理论和行为心理学理论为基础和视角，探讨了创业决策形成的理论模型，研究具有一定的理论贡献和实践启示。

6.2.1　理论贡献

第一，本研究进一步丰富了创业决策的相关研究，推进了创业激情对创业决策的作用机制研究。现有关于创业决策前因变量研究多关注文化因素环境、创业氛围、个人特质等因素的作用机制（Kruger et al.，2000；Dash，2010；Thornton et al.，2012），情感、认知和行为倾向视角的研究相对较少。

因此，本研究强调个体内部情感、认知与创业决策的相互联系，提出了创业激情对个体创业决策的推动作用。从情感和意愿视角入手，分析创业激情、创业承诺、创业意愿三要素对创业决策的影响路径。该研究不仅明确了创业激情、创业承诺和创业意愿对创业决策的直接影响，也进一步阐明了创业承诺和创业意愿的中介作用及创业认同的调节作用。研究不仅丰富了创业决策的前因变量研究，而且为分析创业激情如何影响创业承诺和创业意愿提出了一个重要的条件变量，为创业决策的相关研究提供新的研究视角。

第二，本研究拓宽了创业承诺与创业意愿的研究视角。研究中详细分析和验证了创业承诺和创业意愿在创业激情与创业决策之间的中介作用，拓展了仅从意愿或情感因素单一视角研究的现状，全面探讨了情感因素和行为意愿在个体创业活动中的作用。深入分析了个体对创业活动的情感投入状况和参与创业行为的倾向程度，反映了个体在情感因素和行为意愿推动下的决策行为。因此，本研究将情感因素和意愿因素进行整合研究，发现创业激情可以部分的通过创业承诺和创业意愿的传递作用提升个体的创业决策，拓宽了创业激情与创业决策之间影响机制的研究范围。

第三，研究构建了认同因素作用下的创业决策研究模型。构建了"创业激情—创业承诺—创业决策"与"创业激情—创业意愿—创业决策"关系的理论模型。研究为创业决策研究提供新的视角，特别是创业认同这一调节变量的引入，明确了影响理论模型的条件变量。研究检验了创业认同对创业意愿在创业激情与创业决策关系之间的中介效应的调节作用机制，验证了创业认同的被调节的中介效应，这一研究拓展了创业决策研究的思路，为探索创业决策、创业激情、创业承诺和创业意愿的相关研究提供参考和支持，特别是针对鼓励个体积极参与创业行为的研究，从情感、认知、意愿视角的相关后续研究提供理论支撑。

6.2.2 实践启示

创业活动是一个国家或地区经济发展的动力，特别是以大学生群体为主的创业是创新型经济的主要支撑点，也是引领全民创业浪潮的先驱力。在政府、社会、学校不断鼓励大学生创业的背景下，大学生在知识积累、创业感知等方面具有独特性。同时，大学生也更容易受到周围创业氛围的影响，因此，研究大学生群体在创业活动的情感因素对创业决策的影响是非常必要的。本研究以大学生创业激情为切入点，整合创业承诺、创业意愿、创业决策等要素，并引入个体对创业角色和情感的认同感，构建了创业决策的作用机制模型。不仅丰富了创业领域研究，而且有助于制定激励大学生自主创业的政策措施一定的启示。

第一，重视情感因素对大学生创业的影响。大学生群体作为年轻一代，对外部环境的感知更为敏感。随着国家鼓励"大众创业、万众创新"政策的不断推出，创新创业日益成为大众媒体宣传的热点。掌握系统专业知识和技能的大学生更希望通过创业活动来实现自我价值。此外，可以通过加强与大学生的互动交流，促进大学生积极情感的产生，达到激发大学生将外部动机内化为内部成就的目标。例如，为大学生提供展示能力的机会，如创业比赛或创业项目展示等，让大学生在承担具有挑战性的任务中获得成就感。自由、开放的创业氛围将激发大学生的创业热情，促使更多大学生投身于创业浪潮中。研究表明，机会型创业能带来更好的创新，解决更多的就业，更好地促进 GDP 增长。研究表明大学生创业多属于机会型创业和创新驱动型创业，会创造更好的经济效益和社会效益。因此，激发大学生创业激情，提升大学生创业意愿，推进大学生创业，可以有效推进创新，以创业带动就业，促进经济社会可持续发展。

第二，关注大学生创业认同感的提升。我国大学生就业压力逐年增加，使大学生更多地考虑自主创业，由学生向创业者的身份转变让大学生不得不面对创业认同问题。这无疑会使大学生受到原有身份认知与创业者身份差距的冲击，产生认同迷茫，因此，分析不同背景下大学生创业认同在创业决策形成过程中的影响作用是极为重要的。创新创业已经成为中国经济提质增效的重要引擎，创新驱动发展战略的实施，为大学生创业提供了良好的商机和市场环境。然而在面对社会因素的影响，大学生创业决策更容易受到周围利益相关者的影响。同时，新时期的创业活动更加强调社会价值的实现，对社会责任的态度会对创业行为带来深远的价值。在外部就业压力和传统择业观念的影响下，大学生在选择是否从事创业活动时，个体对创业活动及自我价值的认可会影响其情感、精力、时间等方面的投入程度，进而影响创业决策的结果。因此，在不断鼓励大学生创业的同时，还应关注大学生自身对创业角色及价值的评价和认知状况，多角度的分析大学生的创业活动。

第三，从不同视角制定鼓励大学生创业的政策措施。2015 年政府工作报告明确提出，要打造"大众创业、万众创新"引擎。大学生是接受新生事物最快的群体，能够敏锐的观察到外部环境的变化，发现机遇，接受挑战，加之他们在大学学习期间得到了系统的相关专业教育和训练，具有较高的素质及较强的创业能力，是推进国家创新创业战略实施的重要人力资本。因此，大学生创业更加有助于推动我国创新型经济的蓬勃发展。而激发大学生创业激情，提升大学生创业意愿和能力，鼓励大学生创业需要政府、高校、企业、社会、家庭、大学生联动。政府要在金融支持、新企业审批、知识产权保护等方面，不断完善促进大学生创业的政策措施，为大学生创业构建良好的制度环境。高校要加强大学生创业教育，为大学生创业奠定坚实的理论与实践基础。企业要承担起为大学生提供实践基地的责任，做好项目对接、企业孵化工作。社会不仅要优化公共服务，为大学生创业提供管理咨询、投资咨询、法律咨询等服务，而且要加大对创业成功企业及创业者的宣传力度，厚植创业文化氛围。此外，大学生的家庭成员要改变传统观念，积极鼓励与支持大学生创业。作为创业活动的主体的大学生要建立创业使命感，学好创业管理相关理论知识，参加各种创业实践，培养创新思维，提升创业素质与创业能力，将创业激情转化为创业行动，以实际行动践行"大众创业、万众创新"国家战略，助力创新型国家建设。

6.3　研究局限

本研究构建了创业激情、创业承诺、创业意愿与创业决策的关系模型，分析了创业认同的调节作用，研究结论理论和实践意义，但仍需要在未来的研究中进一步完善。

第一，探索其他变量对研究模型的影响。本研究分析了创业承诺和创业意愿的中介作用，及创业认同的调节效应，未来研究中可进一步探索其他影响变量，如创业氛围、风险倾向、先前经验、失败恐惧等变量对创业激情与创业决策关系的影响。在控制变量的选择上，本研究选取性别、年龄、学历、专业四个变量，可能不能完全控制影响的所有因素，创业文化、地理位置、地区经济发展水平等因素也会不同程度的影响研究结果，因此有效选取关键控制变量还需进一步分析。

第二，探讨本研究在其他群体中的适用性。我国处于大众积极参与创新创业的时期，全民创新创业活动不断推动创新型经济的发展，使得全民创业热情的高涨。作为创新创业主力军的大学生，其创业行为是影响地区经济发展的重要因素，因此，本研究分析大学生自主创业对带动就业和经济发展具有特殊意义。然而，并不是所有群体对创业相关政策和创业氛围的感知、对后续行为产生的结果是一致的，因此，未来研究可以进一步探索其他群体创业激情与创业决策的关系，如新生代农民工、返乡农民工、高技术人员及海归人员等。不同群体具有不同的经验背景，因此可能出现不同的研究结论，这将进一步丰富创业决策的研究。

第三，调研样本需进一步完善。本研究样本仅选取了具有代表性省份的大学生，在未来的研究中可以尽量选取全国各地区的大学生为样本，对创业活跃区、创业中等活跃区和创业欠活跃区进行比较研究。这不仅增加样本量，而且也进一步检验研究模型在不同地区大学生群体中的适用性。此外，还可以对某些样本进行跟踪研究，从时间纵向的角度分析大学生创业激情最终转化为创业活动参与的程度，及对企业长期发展的作用。

6.4　研究展望

上文分析了本研究的部分局限性，一方面是在未来研究中需更有效选取控制变量以提高研究的准确性，以及在不同群体中研究模型的适用性；另一方面，从宏观视角扩展研究范围入手，扩大样本调研区域，增加样本量，提升研究的严谨性。未来研究可以从创业决策的整合研究和创业教育对大学生创业的纵向研究两个角度加以深化。

第一，创业决策的整合研究。现有关于创业决策的研究重点主要集中在前置因素、影响因素、动机因素等，从认知理论、情感理论、认同理论、能力理论等方面进行中介效应和调节效应分析，以阐述影响个体创业决策产生的关键变量。此外，有些研究分析创业决策对创业企业绩效、创业企业成长等变量的影响，以阐释个体创业决策产生的结果及对创业活动提升的影响。然而，现有研究对创业决策处于整个创业活动中的位置并不明确，其目的是将创业想法转化为创业行为？还是决定利用创业活动实现企业发展？这些问题还需进一步明确。因此，在未来研究中可以将创业决策的前因变量、创业决策、创业决策的结果变量进行整合研究，通过实证检验分析创业决策在个体创业过程中的重要地位。

第二，创业教育对创业激情与创业决策关系影响的纵向研究。大学生是实施创新驱动发展战略和推进大众创业、万众创新的生力军。为努力造就大众创业、万众创新的生力军，政府和学校在不断深化高创业教育改革，使创新创业教育融入人才培养的全过程。由于创业教育与专业教育的不断融合，使得越来越多的大学生接触到创业相关知识，而这种创业教育的普及将引起两种可能的结果：一是使越来越多的大学生了解创业，并产生兴趣和热情，激励有创业激情的大学生积极参与创业活动；二是由于创业相关知识的学习，如创业环境分析、创业机会识别、创业能力评价等，通过这些知识的学习会对自身能力和资源进行理性评估，这可能影响初期创业激情向创业决策的转化过程。因此，为更加全面的分析大学生创业激情对创业决策的影响路径，在未来研究中有必要对部分样本进行跟踪研究，从时间纵向的角度分析创业激情对个体行为的最终作用结果。

附录一　访谈提纲

访谈对象：大专生 5 名，本科生 5 名，研究生 5 名。

访谈目的：获得大学生在创业激情、创业承诺、创业意愿、创业认同和创业决策方面的认识和表现，评估研究框架的合理性，为设计问卷和分析变量之间关系提供依据。

为了深入探索创业激情对大学生创业决策影响的研究，特此做以下访谈。请您根据自身情况真实的表达对创业的想法和自身评价，对于您的基本信息，本研究将进行保密处理。谢谢您的配合！

一、大学生的基本资料

1. 就读学校所在地。
2. 在校期间的专业。
3. 如果以后创业，会选择哪个行业。

二、本次访谈基本构架

可以根据自己的经验和感受谈谈您的看法。

1. 在日常的学习生活中，对寻找商业机会、探索解决问题的新方法的兴趣程度如何？是否思考过要将新想法或新方法运用到实践中？

2. 你认为创业与个人奋斗精神之间存在何种关系？

3. 企业培育和发展中应该考虑的因素有哪些？

4. 如果创业遇到挫折或失败，你是否打算放弃创业想法而去别的企业工作？

5. 如果以后创业，你认为自己所具有的优势和特点有哪些？

6. 如果以后创业，你是否会持续的投入时间、精力、金钱等？

7. 你认为创业与创业想法商业化之间关系如何？

8. 你如何理解将创业想法转化为收益与自身价值之间的关系？

9. 在职业规划过程中，你是否认真考虑过未来会选择创业？

10. 你如何看待为了创业而放弃其他职业选择的做法？

附录二 创业激情对大学生创业
决策影响的调查问卷

尊敬的先生/女士:

您好! 本问卷是吉林大学商学院进行的一项研究,旨在了解创业激情对大学生创业决策的影响,烦请您在百忙之中协助我们完成问卷的填写。

本问卷用于学术研究,所获信息不会用于任何商业目的,请您放心并尽可能客观回答。感谢您的支持与合作!

第一部分:基本信息

1. 您的性别:

A. 男　B. 女

2. 您的年龄:

A. 20 岁以下　B. 21~25 岁　C. 26~30 岁　D. 31~35 岁

F. 36 岁以上

3. 您的学历:

A. 大专　B. 本科　C. 硕士及以上

4. 大学期间所学专业:

A. 经管类　B. 文史哲类　C. 理工类　D. 农医法类　E. 其他

5. 如果你打算创业,会对哪一行业比较感兴趣:(可多选)

□制造业　□交通运输和仓储业　□房地产业　□计算机服务和软件业

□批发和零售业　□住宿和餐饮业　□商务服务业　□金融保险业

□医疗卫生业　□教育培训业　□科学研究和技术服务业

□文化、体育和娱乐业　□其他＿＿＿＿＿＿＿＿＿＿＿＿

第二部分：问　　卷

一、以下是对创业激情的描述，请依据当前自身实际情况的符合程度在相应的表格内打"√"。

题项	非常不同意	不同意	一般	同意	非常同意
1. 寻找到解决未满足市场需求，并将其商业化是非常令人兴奋的					
2. 寻找与产品或服务相关的新想法对我来说是非常愉快的					
3. 我有动力去找出将现有的产品或服务进行改进的方法					
4. 在环境中寻找到新机会让我非常兴奋					
5. 探索解决问题新的方案是表明我身份的重要部分					
6. 能够成立自己的企业让我非常开心					
7. 拥有自己的企业使我充满奋斗的动力					
8. 将一个新企业培育成功是非常振奋人心的					
9. 企业创建者是表明我身份的重要部分					
10. 我真的非常想要寻找到能够拓展产品或服务的员工					
11. 能够获得为企业发展有利的员工是非常重要的					
12. 提升员工和自我素质以保证企业的发展这一目标能够很好的激励我					
13. 培育和发展企业是我表明我身份的重要部分					

二、以下是对创业承诺的描述，请依据当前自身实际情况的符合程度在相应的表格内打"√"。

题项	非常不同意	不同意	一般	同意	非常同意
1. 如果这一创业设想并未成功，我愿意去其他企业里工作					
2. 即使这一创业设想并未成功，我也永远不会去其他企业为他人工作					
3. 我会尽最大的努力来建立自己的企业					
4. 我个人的理念是"尽一切可能"，建立自己的公司					
5. 相比其他职业选择，我更愿意去开创自己的事业					
6. 创业将有助于我实现生活中的其他重要目标					
7. 总体而言，我所掌握的技术和能力能够帮助我成功创业					
8. 我相信我可以投入创业过程中需要的全部努力					

三、以下是对创业意愿的描述，请依据当前自身实际情况的符合程度在相应的表格内打"√"。

题项	非常不同意	不同意	一般	同意	非常同意
1. 我已经为成为创业者做好了所有的准备					
2. 我的职业目标是成为一名创业者					
3. 我将尽一切努力创办并经营一家公司					
4. 我下定决心要在未来创建一个公司					
5. 我很认真思考过，在未来要创建一家公司					
6. 我打算在未来的某一天创建一家自己的公司					

四、以下是对创业认同的描述，请依据当前自身实际情况的符合程度在相应的表格内打"√"。

题项	非常不同意	不同意	一般	同意	非常同意
1. 将行为参与的想法商业化不符合我的自我概念					
2. 将行为参与的想法商业化对我来说完全是陌生的					
3. 将行为参与的想法商业化适合我，而且与自我价值和现在发展形势相符					

五、以下是对创业决策的描述，请依据当前自身实际情况的符合程度在相应的表格内打"√"。

题项	非常不同意	不同意	一般	同意	非常同意
1. 我会在某个行业展开创业					
2. 我会为了在某个行业开展创业，而放弃其他职业选择					
3. 在以后某个时间，我会为了在某个行业创业而辞掉工作					

参考文献

英文部分

[1] Ahmed J, et al. Entrepreneurial Passion, Achievement Motivation Goals and Behavioural Engagements in Malaysia: Are There Any Differences Across Ethnic Groups? [J]. Asian Social Science, 2014, 10 (7): 17 –28.

[2] Ajzen I. Attitudes, Traits, and Actions: Dispositional Prediction of Behavior in Personality and Social Psychology [J]. Advances in Experimental Social Psychology, 1987, 20 (1): 1 –63.

[3] Ajzen I, Joyce N, Sheikh S, et al. Knowledge and the Prediction of Behavior: The Role of Information Accuracy in the Theory of Planned Behavior [J]. Basic and Applied Social Psychology, 2011, 33 (2): 101 –117.

[4] Ajzen I. The Theory of Planned Behavior [J]. Organizational Behavior and Human Decision Processes, 1991 (50): 179 –211.

[5] Allen N J, Meyer J P. Construct Validation in Organizational Behavior Research: The Case of Organizational Commitment [M]. Problems and Solutions in Human Assessment. Springer US, 2000: 285 –314.

[6] Alutto J A, Hrebiniak L G, Alonso R C. On Operationatizing the Concept of Commitment [J]. Social Forces, 1973, 51 (4): 448 –454.

[7] Amabile T M. Entrepreneurial Creativity through Motivational Synergy [J]. Journal of Creative Behavior, 1997, 31 (1): 18 –26.

[8] Bagozzi R P, Yi Y. Assessing Method Variance in Multitrait-Multimethod

Matrices: The Case of Self-reported Affect and Perceptions at Work [J]. Journal of Applied Psychology, 1990, 75 (5): 547 – 560.

[9] Bandura A. Self-efficacy: Toward a Unifying Theory of Behavioral Change [J]. Psychological Review, 1977, 84: 191 – 215.

[10] Baron R A. The Role of Affect in the Entrepreneurial Process [J]. Academy of Management Review, 2008, 33 (2): 328 – 340.

[11] Baron R A, Ward T B. Expanding Entrepreneurial Cognition's Toolbox: Potential Contributors from the Field of Cognitive Science [J]. Entrepreneurship Theory and Practice, 2004 (28): 553 – 573.

[12] Baron R M, KennyD A. The Moderator-mediator Variable Distinction in Social Psychological Research: Conceptual, Strategic, and Statistical Considerations [J]. Journal of Personality and Social Psychology, 1986, 51 (6): 1173.

[13] Baughn C C, Cao J S R, Le L T M, et al. Normative, Social And Cognitive Predictors Of Entrepreneurial Interest In China, Vietnam and The Philippines [J]. Journal of Developmental Entrepreneurship, 2006, 11 (11): 57 – 77.

[14] Baum J R, Locke E A, Smith K G A. Multidimensional Model of Venture Growth [J]. Academy of Management Journal, 2001, 44 (2): 292 – 303.

[15] Baum J R, Locke E A. The Relationship of Entrepreneurial Trait, Skill and Motivation to Subsequent Venture Growth [J]. Journal of Applied Psychology, 2004, 89 (44): 587 – 598.

[16] Bierly P E, et al. Organizational Learning, Knowledge, and Wisdom [J]. Journal of Organizational Change Management, 2000 (13): 595 – 618.

[17] Bird B. Implementing Entrepreneurial Ideas: The Case for Intention [J]. Academy of Management Review, 1988, 13 (3): 442 – 453.

[18] Blanchflower D. Self-employment in OECD Countries [J]. Labour Economics, 2000, 7: 471 – 505.

[19] Boyd N G, Vozikis G S. The Influence of Self-efficacy on The Development of Entrepreneurial Intentions and Actions [J]. Entrepreneurship Theory and Practice, 1994, 18: 63 – 90.

[20] Bratkovic T, Antoncic B, DeNoble A F. Relationships between Networ-

king, Entrepreneurial Self-efficacy and Firm Growth: the Case of Slovenian Companies [J]. Ekonomska Istrazivanja, 2012, 25 (1): 73 – 87.

[21] Breugst N, Domurath A, Patzelt H, et al. Perceptions of Entrepreneurial Passion and Employees' Commitment to Entrepreneurial Ventures [J]. Entrepreneurship Theory and Practice, 2012, 36 (1): 171 – 192.

[22] Bruyat C. Création d'entreprise: Contributions épistémologiques et modélisation [J]. Bibliogr, 1993: 1 – 421.

[23] Bruce B. Government Managers, Business Executives, and Organizational Commitment [J]. Public Administration Review, 1974, 34 (4): 339 – 347.

[24] Busenitz L W, Barney J B. Differences between Entrepreneurs and Managers in Large Organizations: Biases and Heuristics in Strategic Decision-making [J]. Journal of Business Venturing, 1997, 12 (1): 9 – 30.

[25] Camerer C, Dan L. Overconfidence and Excess Entry: An Experimental Approach [J]. American Economic Review, 1996, 89 (89): 306 – 318.

[26] Cardon M S, et al. Measuring Entrepreneurial Passion: Conceptual Foundations and Scale Validation [J]. Journal of Business Venturing, 2013 (28): 373 – 396.

[27] Cardon M S, et al. The Nature and Experience of Entrepreneurial Passion [J]. Academy of Management Review, 2009, 34 (3): 511 – 532.

[28] Cardon M S, Foo M, Shepherd D, et al. Exploring the Heart: Entrepreneurial Emotion Is a Hot Topic [J]. Entrepreneurship Theory and Practice, 2012, 36 (1): 1 – 10.

[29] Cardon M S. Is Passion Contagious? The Transference of Entrepreneurial Emotion to Employees [J]. Human Resource Management Review, 2008, 18: 77 – 86.

[30] Cardon M S, Zietsma C, Saparito P, et al. A Tale of Passion: New Insights into Entrepreneurship from A Parenthood Metaphor [J]. Journal of Business Venturing, 2005, 20 (1): 23 – 45.

[31] Carter S, Dimitratos S T P. Beyond Portfolio Entrepreneurship: Multiple Income Sources in Small Firms [J]. Entrepreneurship and Regional Develop-

ment, 2004, 16 (6): 481 – 499.

[32] Chasserio S, Pailot P, Poroli C. When Entrepreneurial Identity Meets Multiple Social Identities [J]. International Journal of Entrepreneurial Behaviour and Research, 2014, 20 (2): 128 – 154.

[33] Chen X, et al. Entrepreneur Passion and Preparedness in Business Plan Presentations: A Persuasion Analysis of Venture Capitalists' Funding Decisions [J]. Academy of Management Journal, 2009 (52): 199 – 214.

[34] Christian Lechner, Michael Dowling. Firm Networks: External Relationships as Sources for the Growth and Competitiveness of Entrepreneurial Firms [J]. Entrepreneurship and Regional Development, 2003, 15 (1): 1 – 26.

[35] Conner M, Armitage C J. Extending the Theory of Planned Behavior: A Review and Avenues for Further Research [J]. Journal of Applied Social Psychology, 1998, 28 (15): 1429 – 1464.

[36] Cuervo Á, Ribeiro D, Roig S. Entrepreneurship: Concepts, Theory and Perspective Introduction [M]. Entrepreneurship: Concepts, Theory and Perspective. Springer, 2007: 1 – 20.

[37] Currie G, Humphreys M, Ucbasaran D, et al. Entrepreneurial Leadership in the English Public Sector: Paradox or Possibility? [J]. Public Administration, 2008, 86 (4): 987 – 1008.

[38] Davidsson P, Paul D. Reynolds: Entrepreneurship Research Innovator, Coordinator, and Disseminator [J]. Small Business Economics, 2005, 24 (4): 351 – 358.

[39] De Clercq D, et al. The Roles of Learning Orientation and Passion for Work in the Formation of Entrepreneurial Intention [J]. International Small Business Journal, 2013, 31 (6): 652 – 676.

[40] Delmar F, Warhuus J P, Andersson P, et al. Innovation, Growth and Entrepreneurship [M]. Risk Behaviour and Risk Management in Business Life. Springer Netherlands, 2000.

[41] De Noble, D Jung, S Ehrlich. Entrepreneurial Self-efficacy: The Development of a Measure and Its Relationship to Entrepreneurial Action [J]. Frontiers of Entrepreneurship Research, 1999: 107 – 131.

〔42〕 Diochon M. Canadian Nascent Entrepreneurs' Start-up Efforts: Outcomes and Individual Influences on Sustainability 〔J〕. Journal of Small Business and Entrepreneurship, 2005, 18 (1): 53 – 74.

〔43〕 Donnellon A, Ollila S, Middleton K W. Constructing Entrepreneurial Identity in Entrepreneurship Education 〔J〕. International Journal of Management Education, 2014, 12 (3): 490 – 499.

〔44〕 Douglas E J, Shepherd D. Exploring Investor Readiness: Assessments by Entrepreneurs and Investors in Australia 〔J〕. Venture Capital, 2002, 4 (3): 219 – 236.

〔45〕 Down S, Reveley J. Generational Encounters and the Social Formation of Entrepreneurial Identity: 'Young Guns' and 'Old Farts' 〔J〕. Organization, 2004, 11 (2): 233 – 250.

〔46〕 Down S, Warren L. Constructing Narratives of Enterprise: Clichés and Entrepreneurial Self-identity 〔J〕. International Journal of Entrepreneurial Behavior & Research, 2008, 14 (1): 4 – 23.

〔47〕 Dutton J E, Jackson S E. Categorizing Strategic Issues: Links to Organizational Action 〔J〕. Academy of Management Review, 1987, 12 (1): 93 – 100.

〔48〕 Eckhardt J T, Shane S A. Opportunities and Entrepreneurship 〔J〕. Journal of Management, 2003, 29 (29): 333 – 349.

〔49〕 Eckman J E. The Role of Hydrodynamics in Recruitment, Growth, and Survival of Argopecten Irradians, (L.) and Anomia Simplex, (D'Orbigny) within Eelgrass meadows 〔J〕. Journal of Experimental Marine Biology and Ecology, 1987, 106 (2): 165 – 191.

〔50〕 Edward P L. Entrepreneurship 〔J〕. Journal of Labor Economics, 2005, 23 (4): 649 – 680.

〔51〕 Elfving J. Contextualizing Entrepreneurial Intentions: A Multiple Case Study on Entrepreneurial Cognition and Perception 〔M〕. Åbo Akademi University, 2008.

〔52〕 Erikson T. Entrepreneurial Capital: The Emerging Venture's Most Important Asset and Competitive Advantage 〔J〕. Journal of Business Venturing,

2002，17（3）：275 – 290.

［53］ Erikson T. The Promise of Entrepreneurship as a Field of Research： A Few Comments and Some Suggested Extensions ［J］. Academy of Management Review，2001，26（1）：12 – 13.

［54］ Falck O，Heblich S，Luedemann E. Identity and Entrepreneurship： Do School Peers Shape Entrepreneurial Intentions？ ［J］. Small Business Economics，2012，39（35）：1 – 21.

［55］ Farmer S M，Yao X，Kung-Mcintyre K. The Behavioral Impact of Entrepreneur Identity Aspiration and Prior Entrepreneurial Experience ［J］. Entrepreneurship Theory and Practice，2011，35（2）：245 – 273.

［56］ Fauchart E，Gruber M. Darwinians，Communitarians and Missionaries： The Role of Founder Identity in Entrepreneurship ［J］. Academy of Management Journal，2011，54（5）：935 – 957.

［57］ Fayolle A，Basso O，et al. Entrepreneurial Commitment and New Venture Creation： A Conceptual Exploration ［M］. Handbook of Research on New Venture Creation，2011：160 – 182.

［58］ Fayolle A，Liñán F. The Future of Research on Entrepreneurial Intentions ［J］. Journal of Business Research，2014，67（5）：663 – 666.

［59］ Feiwel Kupferberg. Humanistic Entrepreneurship and Entrepreneurial Career Commitment ［J］. Entrepreneurship and Regional Development，1998，10（3）：171 – 188.

［60］ Festinger L，Maccoby N. On Resistance to Persuasive Communications ［J］. Journal of Abnormal Psychology，1964，68（4）：359 – 66.

［61］ Fishbein M，Ajzen I. Belief，Attitude，Intention，Behavior： An Introduction to Theory and Research ［J］. Cahiers D études Africaines，1975，41（4）：842 – 844.

［62］ Forest J，Mageau G A，Sarrazin C，et al. "Work is my passion"： The Different Affective，Behavioural，and Cognitive Consequences of Harmonious and Obsessive Passion Toward Work ［J］. Canadian Journal of Administrative Sciences，2011，28（1）：27 – 40.

［63］ Forlani D，Mullins J W. Perceived Risks and Choices in Entrepreneurs'

New Venture Decisions [J]. Journal of Business Venturing, 2000, 15 (98): 305 – 322.

[64] Franke N, Luthje C. Entrepreneurial Intentions of Bussiness Students—A Benchmarking Study [J]. International Journal of Innovation and Technology Management, 2012, 1 (3): 269 – 288.

[65] Fredrickson B L, Branigan C. Positive Emotions Broaden Thought-action Repertoires: Evidence for the Broaden-and-build Model [J]. Cognition and Emotion, 2005: 383 – 400.

[66] Galbraith C S, Merrill G B. Academic Performance and Burnout: An Efficient Frontier Analysis of Resource Use Efficiency among Employed University Students [J]. Journal of Further and Higher Education, 2014, 39 (2): 255 – 277.

[67] Gill R, Larson G S. Making the Ideal (local) Entrepreneur: Place and the Regional Development of High-tech Entrepreneurial Identity [J]. Human Relations, 2014, 67 (5): 519 – 542.

[68] Gnyawali D R, Fogel D S. Environments for Entrepreneurship Development: Key Dimensions and Research Implications [J]. Entrepreneurship Theory and Practice, 1994, 18: 43 – 62.

[69] Goodale J C, Kuratko D F, Hornsby J S, et al. Operations Management and Corporate Entrepreneurship: The Moderating Effect of Operations Control on the Antecedents of Corporate Entrepreneurial Activity in Relation to Innovation Performance [J]. Journal of Operations Management, 2011, 29 (1 – 2): 116 – 127.

[70] Grundstén H. Entrepreneurial Intentions and the Entrepreneurial Environment: A Study of Technology-based New Venture Creation [J]. Social Science Electronic Publishing, 2004, 1 (4): 237 – 262.

[71] Harmeling S S. Re-storying an Entrepreneurial Identity: Education, Experience and Self-narrative [J]. Education and Training, 2011, 53 (8): 741 – 749.

[72] Haynes R. Entrepreneurship Education in America's Major Universities [J]. Entrepreneurship Theory and Practice, 1991, 15 (3): 41 – 52.

[73] Hayward M L A, Shepherd D A, Griffin D. A Hubris Theory of Entre-

preneurship [J]. Social Science Electronic Publishing, 2006, 52 (2): 160 – 172.

[74] Herscovitch. Commitment in the Workplace: Toward a General Model [J]. Human Resource Management Review, 2001, 11: 299 – 326.

[75] Hmieleski K M, Cole M S, Baron R A. Linking Shared Authentic Leadership to Firm Performance: A Study of New Venture Top Management Teams [J]. Frontiers of Entrepreneurship Research, 2010: 1086 – 1094.

[76] Ho V T, Wong S, Lee C H. A Tale of Passion: Linking Job Passion and Cognitive Engagement to Employee Work Performance [J]. The Journal of Management Studies, 2011, 48 (1): 26.

[77] Indrawati N K, Salim U, Djawahir A H. Moderation Effects of Entrepreneurial Self-efficacy in Relation between Environmental Dimensions and Entrepreneurial Alertness and the Effect on Entrepreneurial Commitment [J]. Procedia-Social and Behavioral Sciences, 2015, 169: 13 – 22.

[78] Kang J H, Solomon G T, Choi D Y. CEOs' Leadership Styles and Managers' Innovative Behaviour: Investigation of Intervening Effects in an Entrepreneurial Context [J]. Journal of Management Studies, 2015, 52 (4): 531 – 554.

[79] Kanter R M. Commitment and Social Organization: A Study of Commitment Mechanism in Utopian Communities [J]. American Sociological Review, 1968, 33 (4): 499 – 517.

[80] Kasperová E, Kitching J. Embodying Entrepreneurial Identity [J]. International Journal of Entrepreneurial Behaviour and Research, 2014, 20 (5): 438.

[81] Katz J, Gartner W B. Properties of Emerging Organizations [J]. Academy of Management Review, 1988, 13 (3): 429 – 441.

[82] Keh H T, et al. Opportunity Evaluation under Risky Condition: The Cognitive Processes of Entrepreneurs [J]. Entrepreneurship Theory and Practice, 2002, 27 (2): 125 – 148.

[83] Kiesler C A. The Psychology of Commitment: Experiments Linking Behavior to Belief [M]. Academic Press, 1971.

[84] Knight R M. Entrepreneurial Joint-venture Strategies [J]. Journal of

Small Business & Entrepreneurship, 1988, 5 (3): 3 – 10.

[85] Koropp C, Kellermanns F W, Grichnik D, et al. Financial Decision Making in Family Firms: An Adaptation of the Theory of Planned Behavior [J]. Family Business Review, 2014, 27 (27): 307 – 327.

[86] Krapp A. Structural and Dynamic Aspects of Interest Development: Theoretical Considerations from an Ontogenetic Perspective [J]. Learning & Instruction, 2002, 12 (4): 383 – 409.

[87] Krueger N F, Brazeal D V. Entrepreneurial Potential and Potential Entrepreneurs [J]. Social Science Electronic Publishing, 1994, 18: 92 – 102.

[88] Krueger N F, Day M. Looking Forward, Looking Backward: From Entrepreneurial Cognition to Neuro Entrepreneurship [J]. International Handbook, 2009, 5 (3): 321 – 357.

[89] Krueger, N F. The Cognitive Infrastructure of Opportunity Emergence [J]. Entrepreneurship Theory & Practice, 2000, 24: 185 – 206.

[90] Krueger N F. What Lies Beneath? The Experiential Essence of Entrepreneurial Thinking [J]. Entrepreneurship Theory & Practice, 2007, 31 (1): 123 – 138.

[91] Laaksonen L. Entrepreneurial Passion: an Explorative Case Study of Four Metal Music Ventures [J]. Journal of Research in Marketing and Entrepreneurship, 2011, 13 (1): 18 – 36.

[92] La Guardia J G, Ryan R M, Couchman C E, et al. Within-person Variation in Security of Attachment: A Self-determination Theory Perspective on Attachment, Need Fulfillment, and Well-being. [J]. Journal of Personality and Social Psychology, 2000, 79 (3): 367 – 84.

[93] Levenburg N M, Schwarz T V. Entrepreneurial Orientation among the Youth of India The Impact of Culture, Education and Environment [J]. Journal of Entrepreneurship, 2008, 17 (1): 15 – 35.

[94] Lewis P. The Search for an Authentic Entrepreneurial Identity: Difference and Professionalism among Women Business Owners [J]. Gender Work and Organization, 2013, 20 (20): 252 – 266.

[95] Lichtenstein B B, Carter N M, Dooley K J, et al. Complexity Dynam-

ics of Nascent Entrepreneurship [J]. Journal of Business Venturing, 2007, 22 (2): 236 – 261.

[96] Liñán F, Chen Y W. Development and Cross-Cultural Application of a Specific Instrument to Measure Entrepreneurial Intentions [J]. Entrepreneurship Theory and Practice, 2009, 33 (3): 593 – 617.

[97] Liu D, Chen X P, Yao X. From Autonomy to Creativity: a Multilevel Investigation of the Mediating Role of Harmonious Passion [J]. Journal of Applied Psychology, 2011, 96 (2): 294 – 309.

[98] Longo S, Baker J. Economy "versus" Environment: The Influence of Economic Ideology and Political Identity on Perceived Threat of Eco-catastrophe [J]. The Sociological Quarterly, 2014, 55: 341 – 365.

[99] Lumpkin G T, Dess G G. Linking Two Dimensions of Entrepreneurial Orientation to Firm Performance: The Moderating Role of Environment and Industry Life Cycle [J]. Journal of Business Venturing, 2001, 16 (5): 429 – 451.

[100] Lumpkin J R. Functioning Modeling Corporate Entrepreneurship: An Empirical Integrative Analysis [J]. International Business and Entrepreneurship, 1996, 4 (1): 29 – 73.

[101] Lu X F, Shan B A. Entrepreneurial Passion Definition, Antecedent, Outcome, and Model Building [M]. Proceedings of the 6th International Asia Conference on Industrial Engineering and Management Innovation, 2016: 1055 – 1062.

[102] Maes J, Leroy H, Sels L. Gender Differences in Entrepreneurial Intentions: A TPB Multi-group Analysis at Factor and Indicator Level [J]. European Management Journal, 2014, 32 (5): 784 – 794.

[103] McMullen J S, Shepherd D A. Entrepreneurial Action and the Role of Uncertainty in the Theory of the Entrepreneur [J]. Academy of Management Review, 2006, 31 (1): 132 – 152.

[104] Mesquita B, Frijda N H, Sonnemans J, et al. The Duration of Affective Phenomena or Emotions, Sentiments and Passions [M]. International Review of Studies on Emotion, 1991 (1): 187 – 225.

[105] Mesquita L F, Brush T H. Untangling Safeguard and Production Coor-

dination Effects in Long-term Buyer-supplier Relationships [J]. Academy of Management Journal, 2008, 51 (4): 785 – 807.

[106] Mitchell B L, Lant T. Toward a Theory of Entrepreneurial Cognition: Rethinking the People Side of Entrepreneurship Research [J]. Entrepreneurship Theory and Practice, 2002, 27 (2): 93 – 104.

[107] Mitteness C, Sudek R, Cardon M S. Angel Investor Characteristics that Determine Whether Perceived Passion Leads to Higher Evaluations of Funding Potential [J]. Journal of Business Venturing, 2012, 27 (5): 592 – 606.

[108] Monsen E, Saxton T, Patzelt H. Motivation and Participation in Corporate Entrepreneurship: The Moderating Effects of Risk, Effort, and Reward [J]. Social Science Electronic Publishing, 2010, volume 41 (41): 805 – 812.

[109] Mowday R T, Steers R M, Porter L W. The Measure of Organisational Commitment [J]. Journal of Vocational Behavior, 1979, 14 (2): 224 – 247.

[110] Muhammad Alias and Azemi C. An Inter-relationship of Entrepreneurial Personality, Commitment and Self-independent in a Terengganu Agriculture Industry [J]. International Journal of Business and Social Science, 2011, 2 (23): 274 – 281.

[111] Murnieks C, Mosakowski E. Who Am I? Looking Inside the Entrepreneurial Identity [J]. Social Science Electronic Publishing, 2007, 5 (27): 1 – 14.

[112] Murnieks C Y, Michael H J, Wiltbank R E, et al. I Like How You Think: Similarity as an Interaction Bias in the Investor-Entrepreneur Dyad [J]. Journal of Management Studies, 2011, 48 (7): 1533 – 1561.

[113] Murnieks C Y, Mosakowski E, Cardon M S, et al. Pathways of Fire: an Empirical Look at Entrepreneurial Passion [J]. Frontiers of Entrepreneurship Research, 2011, 4 (31): 138 – 150.

[114] Murray B L, MacMillan I C. Entrepreneurship: Past Research and Future Challenges [J]. Journal of Management, 1988, 14: 139 – 161.

[115] Nabi G, Holden R, Walmsley A. Graduating into Start-up: Exploring the Transition [J]. Industry and Higher Education, 2009, 23 (3): 199 – 207.

[116] Nasiru A, Keat O Y, Bhatti M A. Influence of Perceived University Support, Perceived Effective Entrepreneurship Education, Perceived Creativity

Disposition, Entrepreneurial Passion for Inventing and Founding on Entrepreneurial Intention [J]. Mediterranean Journal of Social Sciences, 2015, 6 (3): 245 – 266.

[117] Near J P. Organizational Commitment among Japanese and US Workers [J]. Organization Studies, 1989, 10: 281 – 300.

[118] Obschonka M, Silbereisen R K, Cantner U, et al. Entrepreneurial Self-Identity: Predictors and Effects within the Theory of Planned Behavior Framework [J]. Journal of Business and Psychology, 2015, 30 (4): 1 – 22.

[119] O'Reilly C A, Chatman J. Organizational Commitment and Psychological Attachment: The Effects of Compliance, Identification, and Internalization on Prosocial Behavior [J]. Journal of Applied Psychology, 1986, 71 (3): 492 – 499.

[120] Orser B J, Elliott C, Leck J. Feminist Attributes and Entrepreneurial Identity [J]. Gender in Management, 2011, 26 (8): 561 – 589.

[121] Palich L E, Bagby D R. Using Cognitive Theory to Explain Entrepreneurial Risk-taking: Challenging Conventional Wisdom [J]. Journal of Business Venturing, 1995, 10 (6): 425 – 438.

[122] Parente R, Feola R. Entrepreneurial Intent and Entrepreneurial Commitment of Young Researchers [J]. International Journal of Technology Management and Sustainable Development, 2013, 12 (2): 155 – 166.

[123] Pech R J, Cameron A. An Eentrepreneurial Decision Process Model Describing Opportunity Recognition [J]. European Journal of Innovation Management, 2006, 9 (1): 61 – 78.

[124] Perry J T, Chandler G N, Markova G. Entrepreneurial Effectuation: A Review and Suggestions for Future Research [J]. Entrepreneurship Theory and Practice, 2012, 36 (4): 837 – 861.

[125] Petrakis P E. Entrepreneurial Time Commitment and Risk [J]. Journal of Business and Economics Research, 2006, 4: 45 – 58.

[126] Pittaway L, Cope J. Simulating Entrepreneurial Learning: Integrating Experiential and Collaborative Approaches to Learning [J]. Management Learning, 2007, 38 (2): 211 – 233.

［127］Podoynitsyna K, Song M, Bij H V D, et al. Improving New Technology Venture Performance under Direct and Indirect Network Externality Conditions ［J］. Journal of Business Venturing, 2013, 28（28）: 195 – 210.

［128］Politis D, Landström H. Informal Investors as Entrepreneurs—the Development of an Entrepreneurial Career ［J］. Venture Capital, 2002, 4（2）: 78 – 101.

［129］Popenoe D. Can the Nuclear Family be Revived? ［J］. Society, 1999, 36（5）: 28 – 30.

［130］Praag C M V, Cramer J S. The Roots of Entrepreneurship and Labour Demand: Individual Ability and Low Risk Aversion ［J］. Economica, 2001, 68（269）: 45 – 62.

［131］Reynolds P D. Entrepreneurship in the United States ［J］. Iza Discussion Papers, 2007, 25（2）: 116 – 129.

［132］Robert J B, Locke E A. The Relationship of Entrepreneurial Traits, Skill, and Motivation to Subsequent Venture Growth ［J］. Journal of Applied Psychology, 2004, 89（4）: 587 – 598.

［133］Roberts J, Welsch H. Passion as a Predictor of Entrepreneurial Goal Achievement: An Opportunity Costs and Commitment Approache ［C］. ICSB World Conference Proceedings, 2010: 1 – 21.

［134］Rumelt R P. Toward a Strategic Theory of the Firm ［M］. Competitive Strategic Management, 1984: 556 – 570.

［135］Sachs J D, Fischer S. The Current Account and Macroeconomic Adjustment in the 1970s ［J］. Brookings Papers on Economic Activity, 1981, 12（1）: 201 – 282.

［136］Saulod B, Kickul J, Liao-Troth M. Development and Validation of a Multidimensional Scale of Entrepreneurial Risk Perception ［J］. Academy of Management Proceedings, 2007: 1 – 6.

［137］Schade C, Burmeister-Lamp K. Experiments on Entrepreneurial Decision Making: A Different Lens through Which to Look at Entrepreneurship ［J］. Social Science Electronic Publishing, 2009, 5: 81 – 134.

［138］Schjoedt L, Shaver K G. Development and Validation of a Locus of

Control Scale for the Entrepreneurship Domain [J]. Small Business Economics, 2012, 39 (3): 713 – 726.

[139] Seymour M L. Values and Entrepreneurship in the Americas [J]. Revolution and Counterrevolution, 2013: 101 – 120.

[140] Shane S, Venkataraman S. The Promise of Entrepreneurship as a Field of Research [J]. Academy of Management Review, 2000, 25 (1): 217 – 226.

[141] Shapero A, Sokol L. The Social Dimensions of Entrepreneurship [J]. Social Science Electronic Publishing, 1982, 25 (8): 28.

[142] Sheldon K M, Houser M L, Kasser T. Does Autonomy Increase with Age? Comparing the Goal Motivations of College Students and Their Parents [J]. Journal of Research in Personality, 2006, 40 (2): 168 – 178.

[143] Sheldon M E. Investments and Involvements as Mechanisms Producing Commitment to the Organization [J]. Administrative Science Quarterly, 1971, 16 (2): 89 – 95.

[144] Shi J. Influence of Passion on Innovative Behavior: An Empirical Examination in Peoples Republic of China [J]. African Journal of Business Management, 2012, 6 (30): 8889 – 8896.

[145] Siegel D S, Phan P H. Analyzing the Effectiveness of University Technology Transfer: Implications for Entrepreneurship Education [J]. Advances in the Study of Entrepreneurship Innovation and Economic Growth, 2005, 16 (5): 1 – 38.

[146] Simon M, Houghton S M, Aquino K. Cognitive Biases, Risk Perception, and Venture Formation: How Individuals Decide to Start Companies [J]. Journal of Business Venturing, 2000, 15 (2): 113 – 134.

[147] Sitkin S B, Pablo A L. Reconceptualizing the Determinants of Risk Behavior [J]. Academy of Management Review, 1992, 17 (1): 9 – 38.

[148] Sitkin S B, Weingart L R. Determinants of Risky of Decision-making Behavior: A Test of the Mediating Role of Risk Perception and Propensity [J]. Academy of Management Journal, 1995, 38 (6): 1573 – 1592.

[149] Smilor R W. Entrepreneurship: Reflections on a Subversive Activity [J]. Journal of Business Venturing, 1997, 12 (5): 341 – 346.

［150］Souitaris V, Zerbinati S, Al-Laham A. Do Entrepreneurship Programmes Raise Entrepreneurial Intention of Science and Engineering Students? The Effect of Learning, Inspiration and Resources ［J］. Journal of Business Venturing, 2007, 22 (4): 566 – 591.

［151］Sørensen J B, Phillips D J. Competence and Commitment: Employer Size and Entrepreneurial Endurance ［J］. Industrial and Corporate Change, 2011, 20 (5): 1277 – 1304.

［152］Sternberg R, Wennekers S. Determinants and Effects of New Business Creation Using Global Entrepreneurship Monitor Data ［J］. Small Business Economics, 2005, 24 (3): 193 – 203.

［153］Stryker S, Burke P J. The Past, Present and Future of an Identity Theory ［J］. Social Ppsychology Quarterly, 2000, 63 (4): 284 – 297.

［154］Stryker S. Identity Salience and Role Performance: The Relevance of Symbolic Interaction Theory for Family Research ［J］. Journal of Marriage and Family, 1968, 30 (4): 558 – 564.

［155］Suzuki H, Punt J A, Granger L G, et al. Asymmetric Signaling Requirements for Thymocyte Commitment to the CD4 + versus CD8 + T cell lineages: A New Perspective on Thymic Commitment and Selection ［J］. Immunity, 1995, 2 (4): 413 – 425.

［156］Tahsildari H, et al. Contributing Transformational Leadership towards Organizational Effectiveness through Entrepreneurial Passion ［J］. Journal of Economics and Sustainable Development, 2014, 24 (5): 215 – 224.

［157］Tajfel H, Turner J C. An Integrative Theory of Intergroup Conflict ［J］. The Social Psychology of Intergroup Relations, 1979, 33 (47): 74.

［158］Talaulicar T, Grundei J, Werder A V. Strategic Decision Making in Start-ups: The Effect of Top Management Team Organization and Processes on Apeed and Comprehensiveness ［J］. Journal of Business Venturing, 2005, 20 (4): 519 – 541.

［159］Tang J. Environmental Munificence for Entrepreneurs: Entrepreneurial Alertness and Commitment ［J］. International Journal of Entrepreneurial Behavior and Research, 2008, 14 (3): 128 – 151.

［160］Thompson E R. Individual Entrepreneurial Intent：Construct Clarification and Development of an Internationally Reliable Metric ［J］. Entrepreneurship Theory and Practice，2009，33（3）：669 – 694.

［161］Thurik A R. Entrepreneurship，Economic Growth and Policy in Emerging Economies ［J］. Erim Report，2008：124 – 145.

［162］Timmons J A，Spinelli S. New Venture Creation：Entrepreneurship for the 21st Century ［M］. Burr Ridge，IL：Irwin，1991.

［163］Ulrich D. Intellectual Capital ＝ competence x Commitment ［J］. Sloan Management Review，1998，39（7）：15 – 26.

［164］Unger J M，Keith N，Rauch A，et al. Deliberate Practice and Entrepreneurial Success：A Longitudinal Analysis among German Small Business Owners ［J］. Foundations and Trends in Entrepreneurship，2009，5（6）：437 – 496.

［165］Vallerand R J，et al. Les Passions De L'ame：On Obsessive and Harmonious Passion ［J］. Journal of Personality and Social Psychology，2003，85（4）：756 – 767.

［166］Vallerand R J，et al. On the Role of Passion for Work in Burnout：A Process Model ［J］. Journal of Personality，2010，78（1）：289 – 312.

［167］Vallerand R J，Houlfort N. Passion at Work：Toward a New Conceptualization ［C］. D Skarlicki，S. Gilliland and Steiner D（Eds.），Social issuesin management，2003，3：175 – 204.

［168］Vallerand R J，Salvy S J，Mageau G A，et al. On the Role of Passion in Performance ［J］，Journal of Personality，2007，75：505 – 534.

［169］Vallerand R J. The Role of Passion in Sustainable Psychological Well-Being ［J］. Psychology of Well-Being：Theory，Research and Practice，2012，2（1）：1 – 21.

［170］Van V A H，Hudson R，Schroeder D M. Designing New Business Startups：Entrepreneurial，Organizational，and Ecological Considerations ［J］. Social Science Electronic Publishing，1984，10（1）：87 – 108.

［171］Vesalainen J，Pihkala T. Entrepreneurial Identity，Intention and the Effect of the Push-factor ［J］. International Journal of Entrepreneurship，2000，4：105 – 129.

［172］Vesala K M. The Split Entrepreneurial Identity of the Farmer ［J］. Journal of Small Business and Enterprise Development, 2007, 14 (1): 48 – 63.

［173］Welpe I M, Spörrle M, Grichnik D, et al. Emotions and Opportunities: The Interplay of Opportunity Evaluation, Fear, Joy, and Anger as Antecedent of Entrepreneurial Exploitation ［J］. Entrepreneurship Theory and Practice, 2012, 36 (1): 69 – 96.

［174］Westlund H, Bolton R. Local Social Capital and Entrepreneurship ［J］. Small Business Economics, 2003, 21 (2): 77 – 113.

［175］Wickham P A. Strategic Entrepreneurship: A Decision-making Approach to New Venture Creation and Management ［J］. Entrepreneurial Behaviour and Research, 1998 (7): 440.

［176］Wiklund J, Shepherd D. Knowledge-base Resources, Entrepreneurial Orientation, and the Performance of Small and Medium-sized Businesses ［J］. Strategic Management Journal, 2003, 24 (13): 1307 – 1314.

［177］Wilson F, Kickul J, Marlino D. Gender, Entrepreneurial Self-Efficacy, and Entrepreneurial Career Intentions: Implications for Entrepreneurship Education 1 ［J］. Entrepreneurship Theory and Practice, 2007, 31 (3): 387 – 406.

［178］Winer Y. Commitment in Organization: A Normative View ［J］. Academy of Management Rreview, 1982, 7 (3): 418 – 428.

［179］Yahui S, Jian Z. Does Work Passion Promote Work Performance? From the Perspective of Dualistic Model of Passion ［J］. Advances in Management Accounting, 2015, 8 (2): 9 – 15.

［180］Yang P Y, Chang Y C. Academic Research Commercialization and Knowledge Production and Diffusion: the Moderating Effects of Entrepreneurial Commitment ［J］. Scientometrics, 2009, 83 (2): 403 – 421.

［181］Yitshaki R, Kropp F. Entrepreneurial Passions and Identities in Different Contexts: A Comparison between High-tech and Social Entrepreneurs ［J］. Entrepreneurship and Regional Development, 2016, 28 (3 – 4): 1 – 28.

［182］Zahra S A. Corporate Entrepreneurship and Financial Performance: The Case of Management Leveraged Buyouts ［J］. Journal of Business Venturing, 1995, 10 (3): 225 – 247.

［183］Zhao H，Seibert S E，Hill G E. The Mediating Role of Self-efficacy in the Development of Entrepreneurial Intentions ［J］. Journal of a Rolied Psychology，2005，90（6）：1265 – 1272.

［184］Zhu Y. The Role of Qing，（Positive Emotions）and Li，（Rationality）in Chinese Entrepreneurial Decision Making：A Confucian Ren-Yi，Wisdom Perspective ［J］. Journal of Business Ethics，2015，126（4）：613 – 630.

中文部分

［1］白云涛，王亚刚，席酉民. 多层级领导对员工信任、工作绩效及创新行为的影响模式研究 ［J］. 管理工程学报，2008，22（3）：24 – 29.

［2］包建华，方世建，刘强强. 身份感知构念下创业动机对创业行为影响研究 ［J］. 湖南医科大学学报（社会科学版），2013（6）：79 – 85.

［3］边文霞. 大学生创业带动就业路径依赖模型研究：基于创业意愿视角 ［J］. 经济与管理研究，2013（7）：67 – 76.

［4］郗浩，杜涵，罗婧. 创业行为与创业意愿影响因素实证研究 ［J］. 科技进步与对策，2015（1）：76 – 82.

［5］蔡雪芹. 现代消费与人的自我认同 ［J］. 理论月刊，2005（9）：61 – 63.

［6］蔡颖，李永杰. 大学生创业意愿影响因素研究：基于多元排序选择logit 模型的发现 ［J］. 华南师范大学学报（社会科学版），2015（6）：134 – 139.

［7］曹小红，蔡莉，苗淑娟. 基于高技术产业集群的模仿创业决策机理研究 ［J］. 科学学研究，2008，26（4）：739 – 748.

［8］曹兴，汤勇. 大学技术创业意向影响因素模型及实证研究 ［J］. 系统工程，2012，30（11）：68 – 76.

［9］晁玉蓉. 新生代农民工的自我认同研究 ［D］. 中国青年政治学院，2013.

［10］陈超容. 农民创业自我效能感对其创业决策的影响机制研究：以广西农民为例 ［D］. 广西师范大学，2014.

［11］陈高棋. 社会资本对创业决策的影响机制研究 ［D］. 浙江大学，2012.

［12］陈寒松，张玉利．企业创新与新事业管理［J］．经济界，2006（6）：67-69.

［13］陈美君．主动性人格与大学生创业意向的关系研究［D］．暨南大学，2009.

［14］陈林海，陈永忠，董志昕．创新能力本质和大学生创新潜能培养对策［J］．中国农业教育，2014（3）：39-42.

［15］陈文娟，姚冠新，徐占东．大学生创业意愿影响因素实证研究［J］．中国高教研究，2012（9）：86-90.

［16］程广帅，谭宇．返乡农民工创业决策影响因素研究［J］．中国人口·资源与环境，2013，23（1）：119-125.

［17］崔海云，施建军．服务创新、顾客体验价值与休闲农业企业绩效［J］．南京社会科学，2013（11）：33-38.

［18］段锦云，钟建安．工作满意感与建言行为的关系探索：组织承诺的调节影响［C］．中国心理学会成立90周年纪念大会暨全国心理学学术会议，2011.

［19］段清贤．创业动机对创业承诺的影响研究［D］．浙江大学，2012.

［20］范巍，王重鸣．创业倾向影响因素研究［J］．心理科学，2004，27（5）：1087-1090.

［21］范巍，王重鸣．创业意向维度结构的验证性因素分析［J］．人类工效学，2006，12（1）：14-16.

［22］范巍，王重鸣．个体创业倾向与个性特征及背景因素的关系研究［J］．人类工效学，2005，11（1）：33-35.

［23］方卓．新生代农民工创业认知、创业意愿与创业决策关系研究［D］．吉林大学，2014.

［24］方卓，张秀娥．创业激情能够提升大学生的创业意愿吗？：基于六省大学生问卷调查的研究［J］．外国经济与管理，2016（7）：41-56.

［25］马飞，孔凡晶，孙红立．组织承诺理论研究述评［J］．情报科学，2010（11）：1741-1745.

［26］费孝通．我看到的中国农村工业化和城市化道路［J］．浙江社会科学，1998（4）：4-7.

［27］傅许坚，蒋雪芬．关于创业意愿对创业行为作用机理的理论研究

[J].价值工程，2016，35（17）：5-7.

［28］龚志周.电子商务创业压力及其对创业绩效影响研究［D］.浙江大学，2005.

［29］郭群成.返乡农民工创业行为研究［D］.西北农林科技大学，2011.

［30］贺丹.大学生创业倾向的影响因素分析［D］.浙江大学，2006.

［31］胡芳肖，张美丽，李蒙娜.新型农村社会养老保险制度满意度影响因素实证［J］.公共管理学报，2014（4）：95-104.

［32］胡桂兰.创业团队风险感知与创业决策关系研究：基于团队沟通的中介作用分析［J］.技术经济与管理研究，2014（7）：36-40.

［33］胡俊波.农民工返乡创业扶持政策绩效评估体系：构建与应用［J］.社会科学研究，2014（5）：79-85.

［34］胡晓龙，徐步文.创业素质、创业文化、创业意愿的相互关系与影响［J］.社会科学家，2015（11）：71-76.

［35］黄四枚.高校大学生创业倾向影响因素实证研究［D］.中南大学，2009.

［36］黄攸立，薛婷，周宏.学术创业背景下学者角色认同演变模式研究［J］.管理学报，2013，10（3）：438-443.

［37］季丹.创业环境对大学生创业意愿的影响研究［D］.吉林大学，2010.

［38］蒋剑勇，钱文荣，郭红东.社会网络、先前经验与农民创业决策［J］.农业技术经济，2014（2）：17-25.

［39］解蕴慧，张一弛，高萌萌.谁会成为创业者?：主动性人格及社会资本对创业意愿的影响［J］.南京大学学报（哲学社会科学），2013，50（2）：148-156.

［40］金立印.服务保证对顾客满意预期及行为倾向的影响：风险感知与价值感知的媒介效应［J］.管理世界，2007（8）：104-115.

［41］康承业.企业激情管理实践研究［J］.管理世界，2009（9）：184-185.

［42］马昆姝，胡培，覃蓉芳.创业自我效能研究述评［J］.外国经济与管理，2008，30（12）：59-64.

［43］马昆姝，李雁晨．文化价值对创业决策的影响研究［J］.西南民族大学学报（人文社科版），2014（5）：128－133.

［44］马昆姝．文化影响下的创业认知决策研究［D］.西南交通大学，2009.

［45］李海垒．青少年创业意向的基本特点［C］.中国心理学会发展心理专业委员会学术年会，2015.

［46］李海垒，张文新，官燕明．大学生的性别、性别角色与创业意向的关系［J］.华东师范大学学报（教育科学版），2011，29（4）：64－69.

［47］李海翔．大学生心理资本对创业意愿的影响研究［D］.西安工程大学，2012.

［48］李敏，董正英．风险认知因素对创业意愿的影响研究［J］.管理工程学报，2014，28（3）：26－32.

［49］李敏，黄秦．新生代员工"三重承诺"关系及其行为、态度和绩效研究模型［J］.华南理工大学学报（社会科学版），2014（6）：1－9.

［50］李蕊．基于创业自我效能感的风险感知对创业决策的影响［D］.西南交通大学，2009.

［51］李文博．集群情景下大学衍生企业创业行为的关键影响因素：基于扎根理论的探索性研究［J］.科学学研究，2013，31（1）：92－103.

［52］李闻一，徐磊．基于创业过程的我国大学生创业行为影响因素研究［J］.科技进步与对策，2014（7）：149－153.

［53］李雯，夏清华．大学衍生企业的创业支持网络研究：构成要素及有效性［J］.科学学研究，2013，31（5）：742－750.

［54］李永强，白璇，毛雨，等．创业意愿影响因素研究综述［J］.经济学动态，2008（2）：81－83.

［55］李永强，白璇，毛雨，等．基于TPB模型的学生创业意愿影响因素分析［J］.中国软科学，2008（5）：122－128.

［56］林嵩，姜彦福，张帏．创业机会识别：概念、过程、影响因素和分析架构［J］.科学学与科学技术管理，2005，26（6）：128－132.

［57］林文伟．大学创业教育价值研究［D］.华东师范大学，2011.

［58］林云云．组织情境中员工工作激情的实证研究［D］.河南大学，2012.

[59] 刘万利, 胡培. 创业机会真能促进创业意愿产生吗 [J]. 南开管理评论, 2011, 14: 83 - 90.

[60] 刘小平, 王重鸣. 不同文化下企业员工组织承诺概念的调查研究 [J]. 科技管理研究, 2004, 24 (3): 85 - 87.

[61] 刘小平, 王重鸣. 组织承诺及其形成过程研究 [J]. 南开管理评论, 2001, 4 (6): 58 - 62.

[62] 龙海军. 转型情境下创业导向对企业绩效的影响: 创业行为的中介效应 [J]. 系统工程, 2016 (1): 89 - 94.

[63] 鲁汉玲. 教师组织承诺研究综述 [J]. 教育探索, 2005 (1): 52 - 53.

[64] 毛雨. 大学创业教育对学生创业意愿的影响研究 [D]. 西南财经大学, 2008.

[65] 孟新, 胡汉辉. 大学生创业自我效能感与创业意愿关系中的调节效应分析: 以江苏高校的实证统计为例 [J]. 教育发展研究, 2015 (11): 79 - 84.

[66] 苗青. 创业决策形成的微观机制: 因果模型检验 [J]. 科学学研究, 2009, 27 (3): 430 - 434.

[67] 莫寰. 中国文化背景下的创业意愿路径图: 基于 "计划行为理论" [J]. 科研管理, 2009, 30 (6): 128 - 135.

[68] 牛芳, 张玉利, 田莉. 创业者的自信、乐观与新企业绩效: 基于 145 家新企业的实证研究 [J]. 经济管理, 2012 (1): 94 - 104.

[69] 彭华涛, 谢科范. 创业企业家资源禀赋的理论探讨 [J]. 软科学, 2005, 19 (5): 12 - 13.

[70] 齐昕, 刘家树, 等. 大学生创业意愿影响因素研究: 模型与实证 [J]. 科技进步与对策, 2011, 28 (16): 151 - 155.

[71] 钱永红. 创业意向影响因素研究 [J]. 浙江大学学报 (人文社会科学版), 2007, 37 (4): 144 - 152.

[72] 秦伟平, 赵曙明. 真我型领导与员工创造力: 基于工作激情的中介作用 [J]. 软科学, 2015, 29 (5): 82 - 86.

[73] 秦志华, 赵婧, 胡浪. 创业决策机理研究: 影响因素与作用方式 [J]. 经济理论与经济管理, 2015 (3): 94 - 102.

［74］任旭林．创业决策中的多层次适应性模型［D］．浙江大学，2006．

［75］任燕．团队创业认知对创业决策的影响：以创业机会识别为中介的研究［D］．浙江大学，2012．

［76］沈冬薇，颜士梅．创业决策影响因素分析：基于内容分析的多案例研究［J］．科学管理研究，2009，27（4）：76－79．

［77］石冠峰，杨高峰．创业动机、创业承诺与新创企业绩效的关系［J］．合作经济与科技，2015（18）：150－151．

［78］宋丽红，李新春，梁强．创业成长意愿的制度约束及缓解机制［J］．管理学报，2015，12（9）：1351－1360．

［79］宋亚辉，何莉，巩振兴，等．工作激情影响员工创造性绩效的中介机制［J］．浙江大学学报（理学版），2015，42（6）：652－659．

［80］宋亚辉．企业员工的工作激情与工作绩效的关系［D］．北京科技大学，2015．

［81］孙春玲，张梦晓，赵占博，等．创新能力、创新自我效能感对大学生自主创业行为的影响研究［J］．科学管理研究，2015（4）：87－90．

［82］汤明．创业自我效能感与创业意向关系研究［D］．中南大学，2009．

［83］唐靖，张帏，高建．不同创业环境下的机会认知和创业决策研究［J］．科学学研究，2007，25（2）：328－333．

［84］陶劲松．创业者创业压力、创业承诺与新创企业绩效关系研究［D］．浙江大学，2009．

［85］田莉，张玉利，唐贵瑶，等．遵从压力或理性驱动？新企业政治行为探析［J］．管理科学学报，2015（3）：16－30．

［86］王杰民．创业学习对创业意愿影响的路径研究［D］．吉林大学，2015．

［87］王亮．反思性、结构性与自我认同：对吉登斯的反思性与自我认同思想的再思考［J］．理论月刊，2010（2）：54－56．

［88］王露燕．广西城镇青年女性创业意愿与创业行为研究［D］．广西大学，2013．

［89］王浙勤，蔡根女，宋金刚．创业决策的理性选择过程观察：基于对604名农村微型企业创业者的调查［J］．农村经济，2010（7）：126－129．

[90] 王颖, 张生太. 组织承诺对个体行为、绩效和福利的影响研究 [J]. 科研管理, 2008, 29 (2): 142 - 148.

[91] 温忠麟, 侯杰泰, 马什赫伯特. 结构方程模型检验: 拟合指数与卡方准则 [J]. 心理学报, 2004, 36 (2): 186 - 194.

[92] 温忠麟, 叶宝娟. 中介效应分析: 方法和模型发展 [J]. 心理科学进展, 2014, 22 (5): 731 - 745.

[93] 吴明隆. 结构方程模型: AMOS 的操作与应用 [M]. 重庆大学出版社, 2009.

[94] 吴晓波, 王莹. 基于知识溢出视角的知识密集型创业企业产生机理研究 [J]. 科技管理研究, 2011, 31 (1): 123 - 126.

[95] 谢雅萍. 创业激情研究现状探析与未来展望 [J]. 外国经济与管理, 2014, 35 (5): 3 - 11.

[96] 谢竹云, 茅宁, 赵成国. 创业行为、动态能力与组织绩效 [J]. 现代管理科学, 2009 (2): 14 - 16.

[97] 徐建伟, 唐建荣. 大学生创业行为触发机理研究 [J]. 科技进步与对策, 2014 (20): 141 - 145.

[98] 许科, 于晓宇, 王明辉, 等. 工作激情对进谏行为的影响: 员工活力的中介与组织信任的调节 [J]. 工业工程与管理, 2013, 18 (5): 96 - 104.

[99] 许绍康, 卢光莉. 高校教师组织承诺与工作绩效的关系研究 [J]. 心理科学, 2008, 31 (4): 987 - 988.

[100] 许小东, 陶劲松. 新创企业中创业者创业压力、创业承诺与创业绩效的关系研究 [C]. 中国管理学年会, 2010.

[101] 闫华飞. 创业行为、创业知识溢出与产业集群发展绩效 [J]. 科学学研究, 2015, 33 (1): 98 - 105.

[102] 闫丽平. 时间维度视角下创业行为的动态特征: 成因分析与实证研究 [J]. 经济与管理, 2013 (6): 56 - 62.

[103] 严维石. 创业决策的行为经济学研究 [J]. 江苏社会科学, 2011 (3): 92 - 96.

[104] 杨俊, 韩炜, 张玉利. 工作经验隶属性、市场化程度与创业行为速度 [J]. 管理科学学报, 2014, 17 (8): 10 - 22.

［105］杨其静，王宇锋．个人禀赋、制度环境与创业决策：一个实证研究［J］．经济理论与经济管理，2010（1）：68－73．

［106］杨田．创业效能感与创业意愿的关系研究［D］．南京财经大学，2015．

［107］姚晓莲．从创业意愿到创业行为的认知失调模型研究——以大学生为例［D］．南京理工大学，2014．

［108］叶映华．大学生创业意向影响因素研究［J］．教育研究，2009（4）73－77．

［109］张剑，宋亚辉，叶岚，等．工作激情研究：理论及实证［J］．心理科学进展，2014，22（8）：1269－1281．

［110］张蕾，汪立夏．对当前大学生就业创业问题的实证研究［J］．教育学术月刊，2011（11）：48－51．

［111］张玲．创业学习、创业意愿与创业知识的关系：基于远程教育学生的实证研究［J］．福建师范大学学报（哲学社会科学版），2014（3）：45－55．

［112］张苏，樊勇．税收政策与大学生创业意愿［J］．税务研究，2014（8）：40－45．

［113］张秀娥，方卓．大学生创业行为影响机制研究［J］．吉林师范大学学报（人文社会科学版），2015（4）：100－104．

［114］张秀娥，马天女．国外促进大学生创新创业的做法及启示［J］．经济纵横，2016（10）：98－101．

［115］张秀娥，张梦琪，毛刚．信息生态视角下创业意愿形成机制解析［J］．科技进步与对策，2015（7）：18－23．

［116］张玉利，杨俊．企业家创业行为调查［J］．经济理论与经济管理，2003（9）：61－66．

［117］张玉利，杨俊，任兵．社会资本、先前经验与创业机会：一个交互效应模型及其启示［J］．管理世界，2008（7）：91－102．

［118］张玉利，赵都敏．手段导向理性的创业行为与绩效关系［J］．系统管理学报，2009，18（6）：631－637．

［119］张振华．创业团队胜任力结构与创业绩效的关系研究［J］．当代经济研究，2009（12）：22－25．

［120］张治灿，方俐洛，凌文辁. 中国职工组织承诺的结构模型检验 [J]. 心理科学，2001，24（2）：148－150.

［121］赵恒平，文亮. 大学生创业行为及其影响因素模型 [J]. 武汉理工大学学报，2010（15）：185－188.

［122］赵向阳，李海，孙川，等. 从个人价值观到创业意愿：创造力作为中介变量 [J]. 北京师范大学学报（社会科学版），2014（3）：115－130.

［123］郑少锋，郭群成. 返乡农民工创业决策的影响因素：基于重庆市6个镇204个调查样本数据的分析 [J]. 华南农业大学学报（社会科学版），2010，9（3）：9－15.

［124］周劲波. 多层次创业团队决策模式及其决策绩效机制研究 [D]. 浙江大学，2005.

［125］朱瑞峰. 大学生创新创业发展中的政府作用分析 [D]. 华南理工大学，2015.